BANJI DE MIMI

——DEYU SHIJIAO XIA DE XIAOXUE BANJI GUANLI SHIWU

班级的秘密

——德育视角下的小学班级管理实务

梁明月 编

人民出版社

目 录

序

2011年，我入职宁波大学教师教育学院，承担“小学班级管理和少先队组织活动”课程的教学和研究任务。彼时，我购买了诸多畅销的小学班级管理教材，紧张而兴奋地备课，想象着自己第一次站上讲台的样子。

初年，我陷于“管理”之标签，把“小学班级管理”上成了“管理课”，课堂上飞舞着泰罗、梅奥、德鲁克……两轮课上下来，我深感异样。作为多年的德育研究者，经过深刻反思，我认识到：小学班级管理是一门“以管理之姿，行德育之实”的课程，课程的核心价值不是管理，而是德育。这次调整之后，我开始重新梳理和确定教材，但可用者寥寥，依循德育逻辑编写小学班级管理的教材实在太少。

经年累月，数度课程轮回。我们课程组不断地修订小学班级课程的教案，也申请了各级各类教学改革项目和精品课程建设项目。我们在这方田地里耕耘着，收获了很多来自学生的鼓励。

老师，我今天读了一本书，里面有篇文章是这样说的：“一堂精彩的课不可能是枯燥的，如果老师付出了这份认真，课堂便有等着滋润的幼苗和沃土。”今年很幸运能够上您的课，如果还有机会，我希望仍然能去旁听您的课。从上大学开始，您的课是带给我感触最深的，也改变了我的很多想法。您是我大学碰到的最好的一位老师。

梁明月老师，您好！我是2016届刚毕业的小教系的一名学生。今年刚刚踏入教师工作岗位。记得您上课的时候给我们看过一封告家长书，当时觉得很有用，但是在毕业整理的时候弄丢了，我们班群里也有好多同学在问。对于刚踏入教师岗位的我们来说，这封信实在太有用了，所以能不能麻烦老师发我一份？我会在班级群里上传，造福大家。谢谢老师啦！当上老师以后，发现有效的班级管理真的太重要了！！！

应着这些鼓励，课程组决定编写一本具有德育气质的小学班级管理课程教材，期待使用这本教材的人能感受它的以下特点。

其一，表达德育性。教材增加了很多德育内容。除第三章专门介绍德育理论以外，我们在编写其他章节时也有倾向性地择取能够体现德育价值的素材和资料，力图表现教材的德育气质。我们认为，小学班级管理教材应以德育为基础，没有德育理论支撑，小学班级管理传递的所谓“管理术”往往流于经验和感觉。课程缺少理论根基，道理就讲不明白。

其二，体现实用性。我们在编写教材时非常重视“实用性”这一价值取向。这种取向体现在以下几个方面：第一，尝试将理论实用化。在德育理论阐释之后介绍该理论的使用方法和教育启示，帮助读者在理解理论的同时学会使用理论。第二，减少了不必要的理论介绍。在讲清基础理论之后，着重关注班主任工作实务，如工作原则、工作方法、工作程序、案例模仿等。让读者在阅读相关章节之后能够有所启发，应用于实际工作之中。第三，使用了大量经典案例和经验介绍，让读者在阅读案例的过程中体会和思考小学班级管理方法。

当我们编写教材时，才发现“破易立难”，难免落入窠臼。教材不是授课记录，不是讲义汇集，有其自身的逻辑，应系统严谨、体系完备。因此，我们不能按自己的喜好删减内容，不能只谈点睛之处，也必须尽量克制过分“活泼轻松”的表述。文稿基本成型，尽管它不是最初想象的样子，但也拥有了独特生命力。它面面俱到、周延可嘉，是教材应有的样子。特别感谢之前小学班级管理教材的编撰者，他们的著作不仅引领我们的课堂教学，也促使本书成稿。

感谢人民出版社陈晓燕女士的支持！感谢编写者家人的支持！

如有不妥之处，恳请读者批评指正。

梁 明 月

2021 年 6 月 12 日

第一章　小学班级与小学班级管理

一、班级的概念

目前，我国学校主要以班级为单位组织学生的教育活动。班级是学校的细胞，是学校教育工作的基本单元，也是学生学习、活动的重要载体。班级是按照一定年龄、学业程度、师生比例所分编而成的相对稳定的学生群体，是学校进行教育教学工作的主要组织形式。①

二、班级的诞生与发展

文艺复兴时期的著名教育家伊拉斯谟（Desiderius Erasmus，亦译为艾拉斯莫斯）最早使用了“班级”一词。夸美纽斯（Comenius）全面系统地论述了班级的理论。他在《泛智学校》中说，根据学年制度，各年级应在同一时间开学和放假，每年招生一次，学生同时入学，以便使全班学生的学习进度一致。学年结束时，经过考试，同年级学生同时升级。

这是教育组织形式的一次巨大革新。中世纪时，学校的教学组织非常松散，同一间教室内的学生的学习内容和学习进度都不同，教师只能对学生进行个别教学和个别指导，教学秩序比较混乱，效率也比较低。而夸美纽斯的班级授课制改革彻底改变了这种状况。夸美纽斯全面总结了16世纪各教派兴办的学校中所实行的班级授课的情况，在总结已有经验的基础上，提出并全面系统地论述了“班级授课制”。他认为，班级授课是提高教育教学效率的有力措施。他认为，教师看到面前的学生数目愈多，工作兴趣便愈大，教师自己便愈是热

---

① 扈中平主编：《现代教育学》，高等教育出版社2000年版，第340页。

忧，而他的学生亦愈会表现出热情。同样，在学生方面，大群的伙伴不仅可以产生效用，而且也可以产生愉快，因为他们可以相互激励、相互帮助。他主张把全校的学生按照年龄和程度分成班级，作为教学的组织单元。每个班级有一个教室，以免妨碍别的班级；每个班级有一个教师，同时对全班学生进行教学，以替代传统的个别施教。每个班级又分成许多小组，每组十人，选出一名学习好的学生为组长，帮助教师管理小组同学，考查学生的学业。他还认为，一个教师可以同时教几百名学生。夸美纽斯关于班级授课制的论述，为彻底改革过去那种个别教学的形式提供了理论基础。采取班级授课制的教学组织形式可以扩大教育对象，提高教学效率，促进学生集体的形成，也为学校教学管理的制度化、标准化提供了可能。①

◈ 知识链接

夸美纽斯（J. A. Comenius，1592—1670）是17世纪捷克伟大的爱国者、教育改革家和教育理论家，是人类教育史上里程碑式的人物。他编写的学龄前儿童教育手册《母育学校》是教育史上第一本系统论述学前教育的专著。他撰写的《大教学论》是世界教育史上第一部系统的教育学著作。除此以外，他还撰写了《泛智学校》以及著名的教科书《世界图解》等。

班级授课制在我国的兴起源于新型学校和新式教育制度的产生。1904年癸卯学制颁行之后，班级组织便逐渐开始成为我国学校中普遍采用的教育教学组织形式。班级授课制的普遍实行使得大面积的教育教学成为可能。时至今日，班级作为主要的教学组织形式，早已超越了履行知识教学这一基本功能的范畴。促进儿童智能发展、健全儿童人格、保护儿童身心健康等，都成为班级组织不可或缺的教育任务。不过，鉴于班级授课制也容易产生一些弊端，如忽视学生的自主性和个别差异性等，班级组织及其教育教学活动也不断得到改进，如将群体教学与个别指导相结合，将课堂教学与课外活动相结合，等等。

① 吴式颖主编:《外国教育史教程》，人民教育出版社1999年版，第212页。

其中有一些教学组织形式改革在教育史上产生了比较大的影响，如文纳特卡制、道尔顿制。

1. 文纳特卡制

这是 1919 年美国人华虚朋（C.W.Washburne）在芝加哥文纳特卡镇公立中学创建的一种教学组织形式。其课程被分为两部分：一部分按照学科进行，由学生个人自学读、写、算和历史、地理等方面的知识与技能；另一部分通过音乐、艺术、运动、集会以及开办商店、组织自治会等来培养和发展学生的社会意识。前者通过个别教学进行，后者通过团体活动进行。它的特点有：

（1）有具体的学习目标和内容，每个单元有非常细致的规定和自学教材。

（2）应用各种诊断法测验检查学生每个单元的学习情况。在这种测验之前，先进行练习测验，由学生自行练习、自行改错，直到做对为止。

（3）通过自学及诊断测验后，方可学习下一单元的教学内容。

（4）教师经常深入学生中间，因人、因时、因事而进行个别指导。

2. 道尔顿制

道尔顿制又称“契约式教育”，是教学的一种组织形式和方法，由美国教育实验家帕克赫斯特女士（Helen Parkhurst）于 1920 年在马萨诸塞州道尔顿中学所创行。其目的是废除年级和班级教学，学生在教师指导下各自主动地在实验室（作业室）内，根据拟订的学习计划，以不同的教材、不同的速度和时间进行学习，用以适应其能力、兴趣和需要，从而发展其个性。学校将学习内容分月安排，各科教师与学生按月订立“学习契约”，教师根据学生的程度，指定学生做某一个月的作业，并把它公布在作业室内。学生根据自己的能力，自由地掌握学习的速度和时间，并可与教师和同学研究讨论。学生完成本月的契约须经教师考试，及格后才能学习下一个月的契约。教师把学生的学习成绩和学习进度登记在学习手册上。

三、班集体的建立

班集体是按照班级授课制的培养目标和教育规范组织起来的学生生活共同体。它有明确的奋斗目标、坚强的领导核心以及良好的班级规范和班级文化。

班集体不同于班级。班级在某些情境下仅仅表现为学生的外部组织身份。在学生入学的最初时刻，学校将零散的学生群体编入某个班级。这时候的班级仅仅是一种便于学校管理的组织形式，这种班级是学生的简单集合，而非班集体。班集体需要在班级架构的基础上，成员之间在精神、文化上产生共融和力量。这种班集体一旦形成便能成为教育的主体，发挥出巨大的教育力量。它能向其成员提出要求，指出努力方向，并通过集体的活动、纪律与舆论来培养其成员的品德。它能紧密地配合班主任开展工作，成为班主任依靠的重要力量。

◇ 知识链接

苏联教育家马卡连柯在长期的教育实践中总结了一条宝贵经验。他说："我自己从 17 岁起就当教师。我曾长时间地想过，最好先把一个学生管理好、教育好，然后再教育第二个、第三个、第十个，当所有的学生都教育好了的时候，那就会有一个良好的集体了。可是，后来我得到一个结论……要采取这样的方式——使每个学生都不得不参加共同的活动。这样一来，我们就教育了集体，团结了集体，强化了集体。以后，集体自身就能成为很大的教育力量。"

（王道俊、王汉澜主编：《教育学》，人民教育出版社 1999 年版，第 518 页。）

（一）班集体的作用

要使教育工作取得效果，一个最重要的前提是建立学生集体和充分发挥学生集体的作用。如果一个学校或者班级没有形成团结一致和组织健全的集体，那么任何教育努力都不会取得明显效果。班集体在教育工作中具体有哪些作用呢？①

1. 集体富有教育学生的力量

每个学生都是集体中的一分子。集体有其独有的组织形式，成员之间也有着独特的关系。学生可以在集体中学习如何处理个人与集体的关系、个人与其

① 劳凯声主编：《教育学》，南开大学出版社 2001 年版，第 312 页。

他集体成员的关系。在集体中，个人往往要学会表达自己，学习坚持，也学习妥协，学会接受别人的意见；学习商议，也学习尊重。集体在所有成员的参与下，会形成相对一致的意见和统一的行动。这个过程会产生集体主义思想，它改变和修正着集体成员的思想和价值观。在集体活动中，学生看到集体的力量，会产生建立坚强有力的集体的需要。当他们看到个人在集体中存在的价值，一个人的努力与懈怠都会影响集体的成败时，便会树立尊重集体、服从集体和服务集体的观念。在学校、班级、少先队和各种社团活动中培养起来的对集体的责任心和义务感，是一种非常重要的品质。集体是由个体组成的，但集体的力量不是个体力量的简单相加。集体成员是由共同的理想、共同的目标和一致的行动联系在一起的，每个成员被共同目标激励，受共同舆论制约，也用自己的行动维护着集体。集体又以它无形的力量影响着每个成员，塑造着每个成员的灵魂。在这里，集体的目标成为每个成员自己的要求，每个人都自觉地使自己的行动与集体舆论的要求保持一定程度的一致性。这就是学生社会化的过程，也是教育目的之所在。

2. 学生更易接受集体的教育

小学生的思维发展以具体形象思维为主。它要求教育者利用各种具体活动来感染学生，引导学生的认知与道德发展。集体活动可以满足小学生的身心发展需要。小学集体活动包括学习活动、劳动活动、各种社会活动以及游戏活动等。这些活动是由学生参与完成的，能够激发学生的直觉感受和情感体验，是促进学生学习和掌握社会经验的主要手段。在集体活动中，学生之间形成与社会要求大体一致的相互关系，如工作中的从属关系以及责任、检查、互助、领导、服从等关系。根据活动的内容和情节的要求，所有的学生都会各自扮演一定的角色。从社会心理学的角度看，角色的变化会给人们心理上带来一系列的变化。在活动中，为了完成角色的要求，他们可以克服在常态下不能克服的困难，完成教师认为难以完成的任务。他们不感觉这是外加的要求，不认为这是约束，而是饶有兴趣地在进行“角色游戏”。所有的学生都要学习当好组织者、参与者、执行者的角色，为达到共同目的而进行有秩序的活动。

在良好的集体里，学生之间相互尊重、互相帮助、团结友爱，每个人都努力使集体变得更好，都以自己作为集体的一员而骄傲。集体成员之间相互学习，向好的榜样学习，同时也帮助遇到困难的人。这样的集体具有巨大的教育力量，它通过集体意识和集体气氛牢牢地吸引着每个成员。这种气氛不是硬规定，也不是命令，而是基于人与人之间的情感和信念。它让集体成员自觉地维护集体的荣誉，督促每个成员的进步。它对集体每个成员都具有无形的教育作用，这种作用是其他外在教育手段难以企及的。

3. 集体促进成员之间相互影响

集体成员在相互交往的过程中，个人的行动往往会影响其他成员。从这个意义上来说，集体的每一个成员既是教育者也是被教育者。小学生的模仿性强，优良的行为是他们学习的榜样，尤其是同龄伙伴的言行更为亲切可学。如有个班级，一名同学自己购买了一瓶墨水放在教室里，并写了一张纸条，“当你的钢笔没有墨水时，可以用这瓶墨水”，下面署名“你的同学”。此后，班里经常出现类似的好人好事。这说明，集体成员之间的友谊，比、学、赶、帮的力量，具有教师教导不可比拟的独特优势。

因此，学校教育应当善于创造一种有利于个人发展的、理想模式的学生集体。这种集体必须保持开放与可控、稳定与发展、宽松与严格、竞争与合作、丰富多彩与井然有序的统一。这种学生集体既是一种个性自由发展的环境，使学生的主体性、创造性得到充分自由的发展，使得每个学生始终处于一种自由自主的状态之中；同时又是一种心理挑战环境，使个体“知不足能自反，知困能自强”，不断完成更高的目标。

（二）班集体的形成阶段

班集体从其初步形成到巩固成熟是一个连续的、动态的过程。一个班集体的形成过程大致可分为以下三个阶段。①

1. 组建阶段

这一阶段，班级从组织上建立起来了，不过班级的核心和动力是班级的组织者——班主任。他必须对学生提出明确的集体目标和应当遵守的制度与要求，并引导学生积极开展活动，促进集体的发展。这时集体对班主任有较大

① 王道俊、王汉澜主编：《教育学》，人民教育出版社 1999 年版，第 524 页。

的依赖性，不能离开班主任的监督独立地执行要求。如果班主任不注意严格要求，又没有有效的治班策略，那么班级就可能变得松弛和涣散。

2. 核心初步形成阶段

这一阶段的特点是师生之间、同学之间有了一定的了解，产生了一定的友谊与信赖，学生积极分子不断涌现并团结在班主任周围；班级的组织功能较为健全，班级的核心初步形成，班主任与集体机构共同履行集体的领导与教育职能。这时，班集体能够在班主任指导下积极组织和开展班级的工作与活动。班主任开始从直接领导、指挥班级活动，逐步过渡到提出建议，由班干部组织开展集体的工作与活动。

3. 集体自主活动阶段

这一阶段的特点是积极分子队伍壮大，学生普遍关心、热爱班集体，能够积极承担集体的工作，参加集体的活动，维护集体的荣誉，形成正确的班级舆论与良好的班风。这时班集体已真正形成，它已成为教育的主体，能主动根据学校和班主任的要求以及班级的情况，自觉地向集体成员提出任务要求，自主地开展集体活动。

班集体的形成过程很复杂，实际上很难把这三个阶段截然分开。但是了解集体的发展阶段仍然有助于我们认识班集体形成的规律，诊断出一个班集体在现时所达到的阶段，以便采取措施将其培养成为成熟的集体。

（三）良好班集体的表征

有学者根据班级所呈现的特征，对班级发展是否健康进行了明确区分。（详见下表）

健康的班级与不健康的班级比较[①]

健康的班级	不健康的班级
合作原理 · 全体学生合作探究课题 · 和自己过去的成绩相比进步了多少 · 后进生得到全员的帮助	竞争原理 · 为了战胜别的同学接受课题 · 比其他同学优越多少 · 对后进生弃之不顾

① 钟启泉编著：《班级管理论》，上海教育出版社 2001 年版，第 216 页。

续表

健康的班级	不健康的班级
横向关系 · 师生完全是平等的友人 · 全体学生致力于问题的解决 · 同学之间完全平等	纵向关系 · 教师在上，学生在下 · 教师发号施令，学生俯首听命 · 在同学之间制造等级差别
相互尊重和信赖 · 教师尊重学生 · 教师完全信赖学生 · 教学相长	互相猜忌 · 强迫学生尊重教师 · 有条件地信任学生 · 教师的使命只是教学生
靠鼓励勇气的教育 · 一起为学习成就而喜悦 · 即使失败了也肯定学生的积极性，鼓励勇气 · 发现学生的长处	靠赏罚的教育 · 根据教师的标准或表扬或处罚 · 仅仅肯定成功 · 揭短
责任心 · 各自对自身的行为负责 · 全面地思考班级产生问题的原因 · 让学生反思做了什么	不负责任 · 教师承担学生的责任 · 将班级问题的原因转嫁于他处 · 教师考虑学生学习了什么
民主型法治主义 · 民主地制定规则 · 主权属于学生 · 为捍卫学生的权利而制定规则	独裁或无政府主义 · 无规则，或由教师制定规则 · 主权在学校 · 为捍卫教师的特权而制定规则
作为调节者的教师 · 作为民主型司令者的教师 · 鼓励学生的勇气和积极性 · 富于理性地思考问题	作为工头的教师 · 作为独裁者的教师 · 以恐怖气氛控制学生 · 感情用事

讨论 你最想参加哪个阶段的班级聚会？为什么呢？

四、小学班级管理概述

（一）小学班级管理的概念

小学班级管理是小学教师（尤其是班主任）根据一定的目的要求，采用一定的手段措施，带领班级学生，对班级中的各种资源（人、财、物、时间、空间、信息）进行计划、组织、协调、控制，以实现教育目标的组织活动过程。班级管理是一种有目的、有计划、有步骤的社会活动，体现了教师与学生之间的双向互动。这一活动的根本目的是实现教育目标，使学生得到充分、全面的发展。班级管理的对象是班级中的各种资源，主要对象是学生，管理的主要手段是计划、组织、协调和控制。

（二）小学班级管理的目标

班级从组建到成熟离不开班级管理，班级管理能够帮助班级从一盘散沙变成一个整体。小学班级管理要达成以下基本目标。

1. 确立共同的奋斗目标和为实现这一目标而组成的共同活动

共同的奋斗目标为班级管理提供了愿景，是班集体发展的方向和动力，是班级所有成员“心向一处想，力朝一处使”的引路灯。

2. 建立健全的班级组织结构和有力的班级核心团队

班级中的成员是通过一定的班级组织联系起来的。这一组织维持和调整着班级成员之间的关系，从而完成共同的任务，实现共同的目标。团结有力的班级核心团队是组织实施班级活动的重要保证。

3. 建立健全合理的班级规章制度

班级作为一种组织，必须建立维持组织运行的规章制度。这些规章制度约束着班级所有成员，并明确规范集体成员的行为标准。

4. 树立良好的班风和班级舆论

班风是班级中多数成员所表现出来的共同思想和行为倾向，是班集体形成的重要标志。良好的班级建设离不开良好的班风和班级舆论。

5. 促进学生个性充分发展

班集体一方面要强调集体的原则和利益，另一方面也要关注每个学生的个性发展和特殊需要。班集体不能成为抹杀学生个性的地方，而应该在充分尊重学生个性的基础上，实现集体的整体发展。

第二章　小学班主任的职责与素养

班主任是班级的教育者和组织者，是学校领导进行教导工作的得力助手。班主任对一个班级的学生工作全面负责，组织学生的活动，协调各方面对学生的要求，对一个班集体的发展起主导作用。实践证明，许多所谓“差班”和“乱班”，经过优秀班主任的辛勤培育和深入细致的思想工作，最终可以转变成“好班”“优秀集体”；而有的班本来不错，如果班主任不负责任，放任自流，则可能逐渐变得松弛、散漫。班主任的质量，在很大程度上决定着一个班的精神面貌和发展趋向，深刻影响着每个学生德、智、体诸方面的发展。①

一、班主任的重要性

在小学教育中，班主任起着举足轻重的作用。具体看来，这种重要性主要体现在以下三方面。②

（一）班主任是学校对学生教育管理的具体执行者

学校对学生进行教育的计划、理论、策略、方案，绝大部分是通过班集体这个基层组织并且通过班主任工作来实现。班主任的工作不仅影响着学校工作的速率和效率，而且直接决定着学校工作的面貌。

（二）班主任是班集体内教育和教学活动的核心

小学教育工作中，班主任是班集体的领导者和组织者，是班集体活动的主

① 王道俊、王汉澜主编：《教育学》，人民教育出版社 1999 年版，第 516 页。
② 劳凯声主编：《教育学》，南开大学出版社 2001 年版，第 333 页。

导力量。学生集体的教育作用是以班主任的工作为核心发挥出来的。班主任的工作之一就是将该班任课教师、少先队组织以及本班学生家长的教育力量统一起来，完成本班的教育教学计划。可以说，一个班级学生学习成绩的好坏、纪律性的强弱，在很大程度上取决于班主任的工作和管理能力。

（三）班主任是联系学校、家庭与社会的纽带

国家的教育目的能否实现，家庭、学校、社会对学生的教育影响能否协调一致，班主任工作在其中起了关键性的作用。班主任通过经常接触学生、频繁的家访等细致工作，将学生及其家长对学校教育教学的意见和要求，学校对学生及家长的希望和建议等进行多维度传递，使之不断沟通交流，从而取得共识。毋庸置疑，班主任工作的这种纽带作用对学校的整体教育改革发挥着重要作用。班主任工作实际上是通过与班集体良性互动而完成的，这一过程对学校整体教育教学工作有着极其重要的意义。

二、小学班主任的工作任务

我国班主任的基本工作是依据教育目的和当前学校的教育任务，协调来自各方面对学生的要求和影响，有计划地组织全班学生的教育活动。做好学生的思想教育工作，并对他们的学习、活动、生活等全面负责，把班级培养成为积极向上的集体，使每一个学生在德、智、体、美等方面都得到充分的发展，形成良好的个性。[①]《教育部关于进一步加强中小学班主任工作的意见》明确指出，中小学班主任与学生接触较多，沟通便利，影响深刻，肩负着育人的重要职责。具体而言，小学班主任的工作任务包括以下几个方面。[②]

（一）保护学生身心健康与促进学生全面发展

全面了解学生，尊重和关心他们，保护他们的身心健康，引导他们学会学

① 王道俊、王汉澜主编：《教育学》，人民教育出版社 1999 年版，第 516 页。
② 扈中平主编：《现代教育学》，高等教育出版社 2000 年版，第 343—345 页。

习、学会生活、学会交往、学会做人，力求做到德、智、体诸方面全面发展是班主任的根本职责。在日常教育过程中，班主任既要及时、全面、准确地把握班级整体情况，对班级实施有序、有则的管理；又要密切留意每个学生的身心变化，采取多种方式与学生沟通。班主任应尽可能以学生乐于接受的方式对学生施加积极的影响，从而有效地指导学生的思想和行为。

（二）全面负责班级日常管理工作

班主任工作比较细致、琐碎。班主任的日常工作包括：

（1）做好班级的计划和总结；

（2）做好学籍管理工作；

（3）做好考勤、值日、晨（夕）会和早（课间）操的组织；

（4）做好课堂内外的秩序等方面的管理工作；

（5）根据《中小学生守则》（见本书附件）和《小学生日常行为规范》（见本书附件），注意对学生进行常规训练，促进他们养成良好的学习和生活习惯，努力使各种日常教育要求内化为学生的内在准则；

（6）培养学生的规则意识、责任意识和集体荣誉感，营造民主和谐、团结互助、积极向上的集体氛围；

（7）组织做好学生的综合素质评价工作；

（8）指导学生认真做好成长记录，实事求是地评定学生操行，向学校提出奖惩建议。

（三）组织和指导开展各类班级活动

除了日常管理工作以外，班主任还要组织开展各种班级活动。这些活动包括：

（1）关心学生的课余生活，支持并组织学生开展各种有益的课外活动；

（2）指导学生参加各种有益于身心健康的科技、文娱和社会活动，鼓励学生发展正当的兴趣和特长；

（3）指导班委会和本班的少先队工作，培养学生干部；

（4）鼓励学生积极参与班级建设，提高学生的自我管理能力和自主行动能力；

（5）组织、指导开展班会、班队会（日）、文体娱乐、社会实践、春（秋）游等形式多样的班级活动，注重调动学生参加活动的积极性和主动性，并做好安全防护工作。

（四）协调和整合校内外各种教育力量

班主任作为一个桥梁，需要整合校内和校外的各种教育资源。班主任的中介作用包括以下几个方面：

（1）经常与任课教师取得联系，了解学生的学习动态；

（2）了解学生的学习负担，主动会同各科教师商讨本班的教育工作；

（3）密切与学校少先队组织的联系，协调少先队与班级的活动；

（4）经常与家长保持各种形式的联系，互通情况，取得家长的支持与配合，指导家长正确教育子女；

（5）积极争取社会力量对班级教育和管理工作的支持与配合。

三、班主任工作的边界

班主任的工作有边界吗？班主任的责任有限度吗？这两个本质类似的问题长久以来困扰着班主任。班主任对这个问题的回答也不尽相同。有的人认为小学班主任工作是没有边界的，任何关于学生的事情都需要班主任处理。因此，有班主任戏称自己像消防员，24 小时待命。但是也有人认为小学班主任工作是有边界的。因为班主任是一个职业身份，任何职业都是有职责界定的，属于职责范围内的应该做，而超过职责范畴的事情则不应该管。因此，有人将班主任工作的边界界定为工作 8 小时内、在学校发生、有关学生的事情，下班以后可以关机，暂停班主任职责。

这两种观点有各自的拥护者。从理论上说，责任是指分内应做的事情。“分内”和“分外”相对应，因此，任何责任都是有限的，班主任工作同样存在边界。苏霍姆林斯基说：“有时过分简单和绝对地肯定某种教育因素是唯一主要的，会使青年教师无所适从，因为在教育过程中，一切都是重要的，一切都有自己的意义。”班级的发展和学生个体的成长都时刻处于多种因素的影响之下，班主任的管理与教育只是学生成长的众多外部因素之一，它并不是学生成长的决定性因素，因而班主任也绝不是唯一的责任人。然而从实践上说，教师尤其是班主任又必须牢记自己对学生的特殊意义。班主任对学生的影响是全面的、持续的、潜在的。人们很难用具体清晰的界线，如时间、地点、人物或事件性质等来框定班主任的责任。总而言之，班主任工作的边界问题是一个值得所有班主任深思的专业理论命题。对这个问题的梳理与思考有利于班主任的专业成长，并构建自己的独特的工作边界。

◇ 案例分享

我该怎么办?

我是一名六年级的班主任兼语文教师，本周遇到了这样一件事。

上周五午休时，我班学生A在操场上踢球。他一脚踢了个高球，当球从空中落下时，很多学生都去争抢，其中有一名五年级的学生B。B同学像其他人那样，跳起来用手去抢球，没有抢到，手落下来时却被球打中。A同学走上前去询问B同学，B同学说手疼。A同学没有采取任何回应继续踢球。午休结束回到班里，B同学向老师报告说手疼，老师把他带到校医处查看，没看出外伤或扭伤，因为周五放学很早便让其先观察。回家以后，B同学向妈妈告知手疼，其家长带他去医院拍片，发现轻度骨折，治疗产生医药费200元，本周五复查。

本周一中午，两位家长和孩子及两班班主任坐在一起协商此事。B的家长的意见是孩子伤得并不严重，只需要A赔偿200元医疗费，后面复查的事情也不用再麻烦A的家长了。

A及其家长则认为B主动跳起来去争球，也有责任，但是同时承诺会负自己应负的责任。我说：“对方就是希望承担这200元医药费。”此时，A气呼呼地哭着跑出去了，等我出去劝解他时，A的家长也找理由走了。B的家长非常气愤，对我有意见，觉得我在其中维护自己班上的学生。看到受伤的孩子和可怜的家长，我也有些内疚。我很想快点让A的家长把钱赔偿给他们。

送走B和家长后，我打电话给A的家长。她一接电话就表示："我家A没有任何责任，我们不会承担任何费用。"我给她讲了半天道理，她同意周二过来解决。

周二中午，我给她打电话。她再次申明，此事她家没有任何责任，不会承担费用。我再次和她讲道理，她就把电话交给了孩子的爸爸。孩子的爸爸态度非常恶劣："你还打电话做什么？这件事与我家A无关。那照你这么说，刘翔在伦敦摔倒了，伦敦还要赔他钱？昨天A的妈妈送了一箱牛奶，我还骂了她，凭什么送？你作为班主任，你搞清楚了吗？非要说谁的责任，那你来打官司吧。"

于是我败了，无语了。我边打电话边生自己的气。我昨天那么维护A，找对方的责任，令对方家长难过；今天A的爸爸这样，让我觉得我是个没眼力的老师。

我觉得我是个没脑子的老师。

这件事最终的解决办法，说起来真是丢人，我和五年级的班主任一人承担了100元。如果你是我，你会怎么处理？

（河海大学2013年硕士研究生入学考试试题。）

案例分析 任何职业都是有职责边界的，如果越过自己的职责边界而过度承担他人的责任，可能会让自己身心疲惫。案例中的"我"作为一名班主任便是因为未明确责任边界而导致事件处理不当，最后承担了赔偿费用，使自己陷入了自责、懊恼之中。一名优秀的班主任应当在处理任何事件时都能快速权衡状况，建立清晰的责任边界，做到保持中立、实事求是，快速有效地解决问题。

四、班主任的基本素养

（一）公正

檀传宝教授认为，教师公正既表现为教师对自己的公正，也表现在公正对待同事、领导及学生家长等方面，更表现在正确对待教育对象上。教师公正的核心是对学生公正。对学生公正的主要含义是在教育活动中对学生持民主与尊重的态度；对不同性别、年龄、出身、智力、个性、相貌以及关系密切程度不同的学生能够做到一视同仁、同等对待，不以个人的私利和好恶作为标准。①

教师对学生的教育公正称为对象性公正。如果对待教育对象做不到公正，其他的公正努力就没有意义。概括地说，教师对学生的对象性公正最主要的是要做到：第一，平等地对待学生；第二，爱无差等，一视同仁；第三，实事求是，赏罚分明；第四，长善救失，因材施教；第五，面向全体，点面结合。平等地对待自己的学生，实际上也就是教育学常说的树立正确的师生观问题。②

◈ **案例分享**

撕心裂肺的伤痛

学校向毕业班的班主任发出通知：各班推荐“三好学生”候选人两名，最后确定一名，中考成绩可以加10分，各班一定要严格评选，力求公平、公正、公开。

严老师手里紧紧攥着候选人推荐表，似乎攥着几个学生的前途和命运。选谁呢？严老师边走边想，两个名字渐渐清晰——张波和苏静伊。张波是班长，成绩稳居年级前三名，校运动会跳远冠军，为人宽宏大度、热情周到，在同学们中威信极高，是老师的得力助手，他一定能高票当选。苏静伊是语文课代表，成绩位列年级前五名，活泼开朗，多才多艺，曾在

---

① 檀传宝著：《教师伦理学专题——教育伦理范畴研究》，北京师范大学出版社2010年版，第56页。
② 檀传宝著：《教师伦理学专题——教育伦理范畴研究》，北京师范大学出版社2010年版，第56页。

市演讲比赛中获一等奖，男生女生都佩服她，也深受老师们喜爱。可以说，这是众望所归的两个候选人！

可是，赵老师的孩子赵羽怎么办？赵老师曾经暗示过此事。严老师想，反正赵老师也没明说，不要因为人情面子委屈了更好的孩子。再说学校要求一定要走正规程序，把最优秀的学生选出来。想到这里，严老师主意已定，脚下的步子轻快了起来。

一推门，赵老师已经在办公室等他了！“我跟校长说过了，你就直接填吧。”赵老师轻轻松松地说。严老师半天挤出一句：“我得和其他老师商量一下。”“也行。不过我都问过了，他们都同意。”“那我考虑考虑。”赵羽差得太远了！严老师想对赵老师说，应该让孩子追求真正属于自己的那份东西，这对孩子的成长有利。于是严老师试探地说：“赵老师，你别看得太重……”“同事一场，这点面子你都不给，成不成就看你了！加上10分，他就能考上高中，不加就可能考不上。再说那些学习好的学生不需要。”赵老师毫不客气地说。

严老师也在努力说服自己：赵羽也是我的学生，而且很可能在录取线的边缘，多考上一个，我不也很光彩吗？还是给他一个机会吧。可是把赵羽定为候选人，苏静伊就没希望了。没关系，苏静伊竞争不过张波，推荐上去也会被淘汰。推荐赵羽，既给了同事面子，对张波也没有影响，两全其美。于是，严老师怀着对苏静伊的愧疚在表格上填下了张波和赵羽的名字。赵老师接着说：“张波已经有了体育加分，又不累计加分，给了他等于浪费。”这倒是实情。既然到了这个地步，就把人情送到底吧。课间，严老师把张波叫到面前：“你有了体育加分，这次的‘三好学生’，让给别的同学吧。”张波爽快地答应了。

班级选举前，严老师说：“必须在两名候选人中选择，不得另选。”他顿了顿，又含糊地说道，“张波放弃了。大家可以考虑另一名同学。”投票开始了，有些孩子的脸上出现了疑惑的表情，有人小声说：“怎么没有苏静伊？”有人回答说：“不知道，乱填吧。管他呢！”

选票交了上来，全班44人，赵羽36票，张波8票，赵羽“堂堂正正”地当选了！严老师宣布了结果，却没有以往的掌声。孩子们一个个木然地坐着，看着台上的班主任，教室里弥漫着灰暗压抑的气息。严老师感到异常难过，不敢再看同学们的眼睛，匆匆离开了教室。

赵老师来问了结果，高兴地说：“等我儿子考上高中，我请客！”严老师心里却非常愧疚悔恨。他骂自己：你怎么能把评选当作自己的私有权利。要知道，为了升学率，为了同事的情分，你失去的不仅仅是良心，还蒙蔽了孩子纯净的心灵啊！这天夜里，严老师失眠了。第二天早上，他向校长提交了一份不再担任班主任的申请书。

（李秀荣：《撕心裂肺的伤痛》，摘自薛农基、冯卫东主编：《教育有悔》，福建教育出版社 2005 年版，第 188—192 页。）

◈ **案例分享**

您能对我像好学生那样笑一笑吗？

我做教师已三十余年，教过几千名学生，有一件事我至今记忆犹新。

那是我刚接的第一个班。作为新教师、班主任的我，面对几十名比我小不了几岁的学生，我想一方面用和他们朝夕相处，参与他们的课间活动来赢得他们对我的好感；另一方面用我的严格要求、严肃表情让他们怕我。

日子一天天过去，我班学生真的取得了令人羡慕的成绩。我很满足，因为作为新教师，最大的幸福莫过于看到自己的工作取得了成绩，看到自己辛勤的汗水浇灌出的花朵结出了硕果。我暗暗地为自己取得的成果而高兴。但是有一天，我在学生的“师生交流”笔记本中看到了这样的内容。

“课间活动本来是放松的时间，特别是对我这个学习成绩不佳的学生来说更是如此。可是，我非常不愿意班主任课间跟我们一起玩。因为，在老师心目中，好学生样样都好，差学生样样都差。我不愿意看到老师那像课堂上一样严肃的面孔。在游戏中，每当老师面对好学生时，总是微笑着、鼓励着。即使在游戏中我玩得很出色，老师也只是用轻蔑的眼神看了我一眼。我真的不希望老师在课间活动的十分钟里也这样对待我！老师，您能对我像好学生那样笑一笑吗？”

看到这里，我的心情久久不能平静。我真的没有在意这些，我真的没有故意这样去做，我是不是由于太爱那些出色的学生而忽视了那些更需要关爱的脆弱心灵？难道我的笑脸和我的眼神真的能起那么大的作用？

回顾与学生一起课间活动的一幕幕、一桩桩，我真的没有什么特别的印象，也没有向学生解释的理由。我暗下决心，用实际行动来回答这位学生，改正自己的不足。

我应该感谢这位学生，因为是他使我明白了：喜欢好孩子是人之常情，一句表扬、一个微笑和一个欣赏的眼神对好孩子来说是锦上添花，对那些需要支持鼓励的学生则是雪中送炭。“雪中送炭”比“锦上添花”更重要！教师不要吝啬把鼓励和欣赏送给中等生和后进生。

（蔡颖编：《新时期师德修炼》，东北师范大学出版社 2010 年版，第 156—157 页。）

（二）仁慈

教师对学生的仁慈表现为教师对学生无条件的爱心和对学生的宽容。罗杰斯认为，教师必须保持对学生无条件的关怀，儿童在人际关系中得到诸如温暖、热爱、同情、关心、尊敬等方面的关怀对其自我概念的形成非常重要。教师的仁慈集中地体现在对有问题的学生的态度上。对这点苏霍姆林斯基有很好的说明，他说：“要关怀人，就是说对待儿童犹如对待自己的儿子一样，儿童学习不好，落后；儿童，难于像他的同班学生那样学习；儿童或少年犯了流氓行为——所有这些都是糟糕的事。如果你的儿子遇到了这种糟糕的事情，你会怎么办？不见得会提出开除、减品行分数之类的处理办法。当然理智会提醒父母，这些办法也是需要的，但你首先会提出办法去挽救儿子，只用惩罚是不能救人的。”因此，教师的仁慈表现为教师的耐心、冷静、诲人不倦，表现为教师所有教育手段的出发点都是对学生的热爱。要在教育实践中真正做到按仁慈的原则行事，班主任必须具备的主观条件有以下几点。

第一，具有崇高的道德境界。只有道德修养达到一定的水平，才能真正地践行仁慈的原则。

第二，拥有教育效能感——教育信心。教师应当树立“通过教育，学生一定能够成才，通过努力，我一定能够教好我的学生”的教育信心。只有有信心，教师才能冷静地面对问题；也只有拥有较高的教育效能感，教师才能发现自己的本质力量，更加热爱自己的学生和自己的事业。

第三，掌握高超的沟通和表达技巧。学生，尤其是低年级学生，非常在意教师表面上的情感表达，如果教师缺乏沟通和表达技巧，教育仁慈就无法实现。教师应当学会运用语言、体态和其他手段恰当地表达对学生的热爱、尊重、期待与善意的要求。

第四，做学生的心理关怀者。做学生的心理关怀者应当做到这样几点：注意倾听学生的声音，关心他们的情绪变化，努力形成关怀学生的日常教学环境；了解必要的心理疏导技术和相关心理学知识，有效地帮助学生调节情绪，减轻压力；帮助学业成绩不佳的学生改善学习方法与学习习惯，提高学习成绩，同时消除他们的心理压力，让他们“抬起头来走路”。①

◈ 案例分享

我一个人在教室管午自习，本以为练习纸发下去以后他们会开始安静地订正，谁知有许多孩子来和我反映他们的卷子改错了，我很是奇怪，怎么会改错那么多呢？我就把有疑议的孩子的试卷收上来重新看了一遍。有一部分卷子明明是错的，但是他们依旧坚决地认为自己写得没错，这些卷子我就重新发回去，讲解后让他们自己订正。但是还有一部分卷子反映出来的问题让我不禁皱起了眉头，这几个孩子平时在班上是属于比较优秀的，而那几处所谓我改错的题目都是我在批改后仔细检查过的，不可能出错。是的，我发现他们在说谎。他们有的是自己悄悄拿橡皮擦掉了原来的

---

① 檀传宝著：《教师伦理学专题——教育伦理范畴研究》，北京师范大学出版社 2010 年版，第 83—87 页。

答案，有的是因为粗心漏了一个或两个拼音没写，直接用铅笔补上。后来和我说改错了。

遇到这种情况，我很震惊，也很气愤，顿时想将他们叫上来批评一顿，但是这样会伤害到他们，也会把一件本来不大的事情变得很麻烦。于是，我决定走下去一个一个交谈。走到他们的身边，蹲下来小声但是严肃地问："你确定你当时是这么写的吗？老师在改试卷的时候清楚地记得，当时卷子上不是这么样的。你真的是这么写的吗？"这一过程中我的眼睛始终与他们对视着，没过多久，一个孩子就支支吾吾地说："我当时看到这里有印子，我就写上去了。"虽然知道这也是一个一戳就破的小借口，但我并没有追究："老师知道你的错误是不小心造成的，但是错了就是错了，我们认认真真把错误订正好，下次不要这么做了。"这件事到这里就这样结束了，孩子们也都承认了自己的错误，认真地进行了订正。

讨论　我震惊气愤之后可以有两个做法，批评他们一顿或者像现在这样一个一个谈。这两种做法的效果有什么不同？

◈ 案例分享

爱学生真的很重要

实习期间，我遇到了一个比较特殊的小女孩。她妈妈老来得女，因此对她寄予厚望。但是妈妈的教育理念又有些偏差，有"不打不成材"的观念。因此，她们的亲子关系比较紧张。一天放学后，小女孩又被留下来订正前一天的作业，她妈妈来到教室的第一句话就说："你怎么又被留下来了？别人每天很早就走了！"我忙着批改别的孩子的作业，也没多注意。后来我主动过去想辅导一下小女孩，小女孩拿橡皮擦动作慢了些，她妈妈突然抽出课本往小女孩脑袋上砸去。第一下，我懵了。在第二下快砸下去时我赶忙拉住了孩子妈妈，劝她不要着急不要动怒。然后我很快将小女孩搂在怀里，安慰她不要哭，向她解释妈妈只是有点着急，但是也是为了她好。我希望我的拥抱可以给她适当的安慰。我轻轻地拍了她几下，希望能够平复她的心情。之后，我发现这个小女孩在课堂上变得比较活跃，订正作业也积极很多。下课之后她还会找我说说话、聊聊天。从这件事情中我感受到，爱学生真的很重要。我们拿真心对待学生，学生也会用真心对待我们。

（宁波大学钱锡琴供稿。）

（三）良心

教师的职业良心表现在教育工作的每一个环节中，其中最重要的部分是教师对学生的爱护。爱护学生是教师的天职。教师对学生的爱不同于一般的亲朋之爱，主要表现在为学生“传道、授业、解惑”上。苏联教育家赞可夫说得好：“不能把教师对儿童的爱仅仅理解为用慈祥的、关注的态度对待他们。这种态度当然是需要的。但是对学生的爱，首先应当表现在教师毫无保留地贡献出自己的精力、才能和知识，以便在对学生的教学和教育上，在他们的精神成长上，取得最好的成果。因此，教师对儿童的爱应当同合理的要求相结合。”① 此外，教师对学生发展中存在的这样或那样的问题不能采取放任的态度，并且教师在纠正这些问题时，又必须充分考虑到不能挫伤学生的学习积极性，抑制他们的个性成长。②

◇ 案例分享

华老师，你在哪儿？

在小学一年级，我们的级任老师（犹今之班主任）姓葛，葛老师对学生是采取“放羊”政策的，不大管。二年级换了一位老师叫华霞菱，刚从

① ［苏联］赞可夫：《和教师的谈话》，转引自檀传宝著：《教师伦理学专题——教育伦理范畴研究》，北京师范大学出版社 2010 年版，第 125 页。

② 檀传宝著：《教师伦理学专题——教育伦理范畴研究》，北京师范大学出版社 2010 年版，第 125 页。

北平师范学校（简称北师）毕业。校长介绍说，她是北师的高材生，将担任我们的班主任。

华老师对学生非常严格，经常对一些“坏学生”训诫体罚（站壁角、不准回家吃饭），我们都认为这个老师很厉害，怕她。但她教课、改作业实在是认真极了。所以，包括被处罚得哭了个死去活来的同学，也一致认为这是一个比葛老师强百倍的老师。谁说小孩子不会判断呢?

小学二年级，平生第一次造句，第一题是“因为”。我造了一个大长句，其中有些字不会写，是用注音符号拼的。那句子是：“下学以后，看到妹妹正在浇花呢，我很高兴，因为她从小就勤劳，她不懒惰。”

华老师在全班念了我这个句子，从此，我受到了华老师的“激赏”。但是，有一次我出了个“难题”，实在有负华老师的希望。华老师规定，写字课必须携带毛笔、墨盒和红模字纸，但经常有同学忘带而使写字课无法进行。华老师火了，宣布说再有人不带上述文具来上写字课，便到教室外面站壁角去。

偏偏刚宣布完我就犯了规，等想起这一节是写字课时，课前预备铃已经打了，回家取已经不可能。

我心乱跳，面如土色。华老师来到讲台上，先问：“都带了笔墨纸了吗?”

我和一个瘦小贫苦的女生低着头站了起来。

华老师皱着眉看着我们，她问：“你们说怎么办?”

全班都沉默着，大家感到了问题的严重性。

那个瘦小的女同学说话了：“我出去站着去吧，王蒙就甭去了，他是好学生，从来没犯过规。”

听了这个话我真是绝处逢生，我喊道：“同意!”

华老师看了我一眼，摇摇头，叹了口气，厉声说了句：“坐下!”

事后她把我找到她的宿舍，问道：“当 ×××（那个女生的名字）说她出去罚站而你不用去的时候，你说什么来着?”

我的脸一下子就红了，我无地自容。

这是我平生受到的第一次最深刻的品德教育。我现在写到这儿的时候，心里仍怦怦然：不受教育，一个人会成为什么样呢？

又有一次修身课考试，其中一道答题需有一个“育”字，我头一天晚上还练习了好几次这个“育”字，临考时却怎么也想不起来了，觉得实在冤枉，便悄悄打开书桌，悄悄翻开了书，找到了这个字，还自以为无人知晓呢。

发试卷时，华老师说：“这次考试，本来有一个同学考得很好，但因为一些原因，他的成绩不能算数。”

我一下子又两眼漆黑了。

又是一次促膝谈心，个别谈话，我承认了自己的错误，华老师扣了我十分，但还是照顾了我的面子，没有在班上公布我考试作弊的不良行为。

（王蒙：《华老师，你在哪儿？》，摘自商友敬主编：《过去的教师》，教育科学出版社 2007 年版，第 165 页。）

第三章　小学班级管理的经典理论及应用

小学班级管理是一项具有较高专业要求的工作。它需要教育理论的支持，如果没有理论依据，班级管理便容易陷入盲从经验的窠臼：班主任将无法对自己的管理策略做出确定的评价，也难以预测自己的管理行为的效果。班主任必须了解以下几种德育理论，以保证自己的班级管理是有方向的，是科学的。

一、皮亚杰的品德教育理论及其应用

让·皮亚杰（Jean Piaget），瑞士心理学家，在研究儿童品德发展方面做出了突出的贡献。他关于儿童及青少年道德判断问题的研究为品德发展研究提供了一个理论框架和一套研究方法，初步奠定了品德心理研究的科学基础。

（一）皮亚杰的品德教育理论

皮亚杰依据精神分析学派的投射原理，采用“对偶故事法”研究儿童的道德认知发展。他设计了一些包含道德价值内容的对偶故事，要求儿童判断是非，根据儿童对行为责任的道德判断来探明他们所依据的道德规则及发展规律。下面就是皮亚杰在研究中所用的一个对偶故事。

◈ 知识链接

故事A：有一个小男孩叫朱利安。他的爸爸出去了，朱利安觉得玩爸爸的墨水瓶很有意思。开始时他拿着钢笔玩。后来，他在桌布上弄上了一小块墨水渍。

故事B：一次，一个叫奥古斯塔斯的小男孩发现爸爸的墨水瓶空了。在爸爸外出的那一天，他想把墨水瓶灌满以帮助爸爸。但在打开墨水瓶时，他在桌布上弄上了一大块墨水渍。

皮亚杰发现，不同年龄段的儿童对故事中两个男孩的过失行为评价不一，因为其道德判断的依据不同。他发现儿童道德判断能力的发展与其认知能力的发展存在着互相对应、平衡发展的关系。这种认知能力是在与他人和社会的关系之中得到发展的。通过研究，皮亚杰指出，儿童的品德发展是一个从他律到自律的过程。具体来说，儿童品德发展可分为以下三个阶段。①

1. 前道德阶段（约在 5 岁以前）。在这一阶段，规则对儿童的行为没有约束力，因为这些规则纯粹是运动性质和个人性质的，不是要求负责的现实。儿童还不能对个体的行为做出恰当的判断。

2. 他律道德阶段（5—11 岁）。在这一阶段，儿童认为规则是神圣、不可违背的，是由成人制定的、永恒不变的。此阶段的儿童只是严格地从字面意义上理解外部规则，把责任和依附于责任的价值看成是固定的、不受内心支配的。个体评价行为的依据是行为的后果而非行为的动机。对于公正感，他们认为服从就是最好的道德观念，服从成人的意志就是公正。

3. 自律阶段（11 岁之后）。这一阶段的儿童认为规则是人们经过协商而制定的，具有一定的相对性。为了保障活动顺利进行，只要大家同意就可以制定并修改规则，即他们已经能够理解规则的意义，并且能用规则自觉地约束自己的行为。这个阶段的儿童对行为的评价除了看行为的结果，还会考虑当事人的动机。他们对公正的看法已经能够考虑多人或情境因素，如在分配食物时，他们一般认为多分一些给弱者、幼小者的做法是合理的。

皮亚杰认为，儿童道德发展的这些阶段的顺序是固定不变的，儿童的道德认知是从他律道德向自律道德转化的过程。只有达到自律水平时，儿童才算有了真正的道德。

（二）皮亚杰品德教育理论的教育启示②

按照皮亚杰的观点，儿童的品德是按照一定的形式发展的。儿童在其成长的不同时期会表现出不同形式的道德品性。然而在一个时期和下一个时期之间

---

① 柳海民主编：《教育学概论》，北京师范大学出版社 2015 年版，第 259—261 页。

② 孙永明：《皮亚杰品德心理研究评述》，载《镇江师专学报（社会科学版）》1990 年第 3 期。

是不能划定确切界限的，从一个阶段向下一个阶段过渡是非常缓慢的。因此，教育工作者不要坐等儿童道德发展某个阶段出现，而应积极主动地施加影响，加速和完善儿童道德的发展。皮亚杰阐述了从他律道德到真正的自律道德产生的过程，反复强调儿童真正的道德是通过共同的社会生活发展起来的。

从理论上说，儿童道德发展认知研究是从“知”的方面去看道德发展。认知发展论者（包括皮亚杰）把逻辑思维能力和道德判断（道德认知）能力看作一种蕴含关系。道德发展是认知发展的一部分，是由认知过程主导的。一个人的道德行为是由他的道德认识直接引导的，知道什么是正确的人将会做出与其认知相匹配的行动。道德发展的水平首先体现为道德认知，其次是与道德认知相一致的行为的成熟。道德习惯是指在正确的道德认知指导下的行为。道德情感是激发一个人行动的力量。认知发展论者又认为，儿童道德发展与思维是一种平行关系。在教育实际中，知行不统一的现象大量存在。一些研究发现，道德认知特别是道德判断与道德行为的相关度并不是很高，道德认知与道德情感之间的关系并不是线性的，而是很复杂的。因此，研究其他心理因素特别是情感因素的作用就有着十分重要的意义。

二、柯尔伯格的道德发展阶段理论及其应用

柯尔伯格（L. Kohlberg）是美国当代著名的心理学家和教育学家，也是现代道德认知发展理论的创立者。他主要是从发展心理学的角度来论述道德发展的。他强调道德发展是认知发展的一部分，强调道德判断同逻辑思维能力有关，强调社会环境对道德发展有着巨大的刺激作用。他提出了道德认知发展阶段理论及相应的道德教育策略，在世界范围内产生了广泛的影响。

（一）柯尔伯格的道德发展阶段理论

柯尔伯格对儿童道德判断发展进行研究采用的是开放式“两难故事法”，即每个故事中都包含一个传统的道德哲学问题——生命的价值和财产、人们相互间的责任与义务、法律和规则的意义等，这些道德问题之间存在着冲突，且没有很好的解决途径。下面这则“海因兹偷药”就是柯尔伯格经典的两难故事之一。

◇ **知识链接**

欧洲有个妇女患了癌症，生命垂危。医生认为只有一种药能救她，即本城一个药剂师新研制的镭锭。配制这种药成本为200元，但售价却要2000元。病妇的丈夫海因兹到处借钱，但最终只凑得1000元。海因兹恳求药剂师说，他的妻子快要死了，能否将药便宜点卖给他，或者允许他赊账。但遭到药剂师的拒绝："我研制这种药正是为了赚钱。"海因兹没有别的办法，只好在晚上偷偷地进入药剂师的家，把药偷走了。

讨论 1. 海因兹该不该这样做？

2. 海因兹这样做是对还是错？为什么？

柯尔伯格在用两难故事法研究儿童的道德认知时，对道德判断的内容和结构做了区分。道德判断的内容指儿童思考了什么，包括有关的道德事实、供参考的道德观念及其相应的看法。道德判断的结构指儿童怎样思考问题或思考的方式，即对具体的内容进行思维加工的方法和过程。柯尔伯格先向被试者读故事，让被试者在故事中所涉及的道德冲突中选择一个立场。柯尔伯格关心的不是被试者最终的选择，而是儿童在这一选择背后的推理及其道德判断的结构，以及儿童为维护其选择所给出的证据和理由。儿童的回答无对错之分，只是回答所反映出的道德推理水平不同。①

柯尔伯格根据儿童道德判断结构（推理类型）的不同，最终将个体的道德发展划分为三种水平，每种水平各有两个阶段，共六个阶段。

水平1：前习俗水平。道德标准存在于外部的、近似于物理事件中。判断正确与错误、好与坏的基础是行为产生的具体后果，而不是人们习俗上的一般标准。这一水平有两个阶段：

阶段1，以惩罚和服从为定向。为避免惩罚而服从高一级力量或权威；相信客观的责任，行为是否道德依据行为的后果来确定。

① 柳海民主编：《教育学概论》，北京师范大学出版社2015年版，第261—262页。

阶段 2，以比较行为的工具作用为定向。所谓正确的行为就是那些可工具性地满足自己的需要（偶尔可满足他人的需要）的行为；或遵从朴素的平等主义和交换互惠定向。

水平 2：习俗水平。道德标准在于遵从传统秩序和满足他人的期望。这一水平的两个阶段是：

阶段 3，以人与人之间的和谐一致，或使自己成为“好孩子”为定向。与大多数人的刻板印象或自然角色行为一致，按意图进行判断。

阶段 4，以维护权威和社会秩序为定向。完成自己的责任，尊重权威，保持既定的社会秩序。

水平 3：后习俗水平。道德来自普遍适用的原则。努力摆脱集团和个人的权威来考虑价值，着重根据个人的选择自愿采取标准。这个水平的两个阶段是：

阶段 5，以法定的社会契约为定向。既强调遵守法律，也强调法律是社会一致同意的产物，其目的在于使人们和谐相处；根据契约确定义务，避免侵犯他人的意志或权利，避免侵犯大多数人的意志和福利。

阶段 6，以普遍的伦理原则或良心为定向。根据良心做出的道德决定就是正确的。

◇ 案例分享

英语课附小币

这是第一次英语课，老师为大家带来了一样特殊的礼物：一张张色彩斑斓的分等级的附小币。老师说附小币是一种可以兑换奖品的“钱币”。每个孩子都有机会获得附小币。它需要用英语课上得到的星星来换取，每个星期有一次兑换机会。每个孩子心里都清楚，只要他们好好表现、上课守纪律、认真跟随老师读书、按时完成作业便可以获得小星星的奖励。所以这节英语课大家表现异常积极活跃，争相回答老师提出的问题。老师也是位非常聪明的老师，她每看到积极举手发言的孩子便尽量给他们机会，争取让每位孩子都有表现的空间，任何一位经老师允许后站起来回答问题的孩子都有获取小星星的机会。

经过近一个星期的观察，我发现老师即时表扬的方法在开学第一周效果比较明显，英语课上孩子们注意力维持时间较长，课堂参与度比较高，而且课堂相对活跃。

（李晓雯：《基于儿童天性的小幼衔接期教育研究》，硕士学位论文，首都师范大学，2014 年。）

案例分析　根据柯尔伯格的道德发展阶段理论，案例中的儿童大多处于前习俗水平。处于前习俗水平儿童的道德观念是纯外在的，判断正确与错误、好与坏的基础是行为产生的具体后果，而不是人们习俗上的一般标准。案例中教师把儿童的“优秀表现”这一行为与“获得小星星的奖励”这一结果联系起来，获得小星星的奖励是儿童好好表现的具体后果，儿童依据这一后果进行判断，认识到课堂积极表现是正确的行为，从而调动儿童做出这一行为的动机。同时教师争取给予每个孩子表现的机会，更加激发了儿童的表现欲和积极性。案例中教师即时表扬的方法获得显著成效，是因为教师的即时表扬作为一种即时性评价，起着调动学生行为积极性的激励功能。教师要遵循教育规律，根据儿童道德发展不同年龄阶段的特点开展教育教学，采用正确的方法促进教学效果。

（二）柯尔伯格道德发展阶段理论的教育学启示[①]

柯尔伯格要求学校必须根据儿童道德发展不同年龄阶段的特点，科学地、有计划地进行道德教育。尊重儿童身心特点是柯尔伯格对教师的基本要求。他认为教师可以促进儿童的道德水平向更高一级的阶段发展，但不能拔苗助长，使他超越阶段。柯尔伯格要求教师防止下列两种情况：一是将成人的道德观念强加给学生，结果因儿童无法理解而失去意义；二是教师的道德说理低于儿童的发展水平，结果产生消极作用。例如，当儿童已经达到一定的发展水平，而

① 袁锐锷著：《外国教育史新编》，广东高等教育出版社 2002 年版，第 538 页。

教师仍用前一阶段的道德推理去责备他做错了事时，他就会觉得教师的理由是不正确的，从而产生抵触情绪，甚至我行我素或阳奉阴违。所以，教师只有聆听并分析儿童所做出的道德判断，真正理解其意义，才能透彻了解儿童的道德思想及其达到的发展水平，从而促进他的发展。

教师促进儿童道德发展的过程也是促进儿童思维和判断的过程。为此，教师要采用一系列仔细编定的程序，它们既有一定的弹性，同时又结构严谨。教师的工作具体可分为四个方面：

（1）通过正常的课堂教学或者仔细安排的假设的道德两难情境，帮助学生注意并遭遇真切的道德冲突；

（2）帮助学生去考虑和选择对这些道德冲突进行推理并解决冲突的思路，特别要帮助学生把道德判断与反省的过程联系起来；

（3）帮助学生以批判的态度去反思他所采用的思维过程的优点与不足；

（4）向学生建议一种比他现在采用的方法更完善的思考、解决问题的程序，使他在道德判断方面跃上一个更高的台阶。在这个过程中，教师既要提出建议，又要给予干预，但不要强迫。

柯尔伯格认为，对于一个在道德发展的阶梯上前进的儿童来说，苏格拉底法的两个方面——耐心、倾听、接受与批判、提问、干涉都是十分重要的。

◇ 案例分享

跟他们（痞痞的男生——笔者注）玩特别帅，会让其他人羡慕嫉妒，也没有人敢欺负我。我们在学校横行霸道，甚至打架。班主任发现后一次次苦口婆心地劝阻我，跟我讲道理，让父母接送我，切断我和外界的联系。“谁能阻止少年武士赴死，他们听不到。”强烈的阻止只会引起更强烈的反抗。我开始编各种谎言出去玩，也从那时候开始我的成绩出现了波动。我永远不会忘记那个课间，作为英语课代表的我居然因为单词默写错得过多要去办公室重默。我默写完拿给老师批改的时候，她问我最近是不是非常活跃。我沉默以对并且这沉默中带着不屑，因为我认为她只是和其他老师一样想对我说教。然后她说了一句话：“在我初中的时候也和你经历过一样的事，但是那些人过的生活真的是你想要的吗?”没等我有任何辩驳便让我回去了。这句话就宛若一道雷劈中了我。

讨论 你觉得这句话为什么有像雷劈中“我”的魔力?

三、诺丁斯的关怀伦理理论及其应用

内尔·诺丁斯（Nel Noddings）是美国当代著名的教育哲学家，斯坦福大学教育学院教授。她于20世纪80年代开始提出关怀伦理，受到了德育界的广泛关注。

（一）诺丁斯的关怀伦理理论①

诺丁斯认为，每个人在人生的各个时期都需要得到人们的理解、接纳、尊重和认同，因此关怀他人和被他人关怀都是人的基本需要。诺丁斯认为，关怀不仅是一种美德，更是一种关系。它的维持和巩固既需要关怀方对关怀对象的需要做出反应，也需要关怀对象认可和接受对方的关怀行为。这样关怀双方在关怀关系中就是平等互惠的。诺丁斯强调，教师应当重视学生的问题，和学生平等交流。当学生提出自己的疑惑时，教师有责任帮助学生解决问题。关心学生才是教师的首要责任。

（二）关怀伦理理论的教育学意义

诺丁斯从关怀伦理学的角度提出了道德教育应当特别强调四种主要成分或教育要素：榜样、对话、实践、认可。

1. 榜样

在绝大多数道德教育体系中，榜样都是一个重要成分，但在关怀理论中，它的地位更加重要。首先，道德教育不是教授学生道德的原则以及如何按照教

① 檀传宝著:《德育原理》，北京师范大学出版社2007年版，第47—52页。

学推理的步骤利用这些原则解决实际问题。相反，教师必须以身作则地和学生建立关怀关系。在这种关系中，教师通过自己的行动向学生展示如何去关怀。其次，能力的发展离不开一定的经验，教师对学生的关怀有助于学生积累被人关怀的经验。这些经验正是发展关怀能力所必需的。因此，教师作为关怀者的角色要比作为榜样的角色更加重要。

2. 对话

关怀伦理希望通过对话来建立和维持关怀关系，认为对话是我们了解他人想法和需要以及检验自己行为效果的途径。

诺丁斯所说的对话是一种开放性的对话。在这样的对话中，对话双方在一开始都不知道最终的结果和决定将是什么。诺丁斯认为，由一方阐述自己的主张，而另一方只能偶尔提几个问题的“讲话”不是对话。如果家长或教师在对话前就已经做出了自己的决定，那就不可能和孩子进行对话了。在诺丁斯看来，对话的目的是寻求理解、同情或欣赏。对话给了人们阐述自己意见和提出疑问的机会。这就使对话双方能够获得充足而正确的信息，并在此基础上做出决定。另外，这样的对话还能够增进人与人之间的了解，加强相互间的联系，有利于维持关怀关系。同时，对话需要人们全神贯注。在真正的对话中，关怀交谈的对象要比结论更为重要。处于关怀关系中的人不会把注意力完全放在智力性的问题上，而会无条件地关注对话的各方。对话中的人会关心对方的感受，会考虑话题是否会对其他人造成伤害等。因此，对话本身就体现了一种关怀关系。

3. 实践

实践可以为我们提供经验，而经验是形成态度和世界观以及培养人际关怀能力的基础。关怀理论需要的实践是给予关怀的实践，如注意到客人的需要、照顾老人和小孩以及操持家务等。诺丁斯认为：“我们越是接近与生活密切相关的自然需求，就越能理解生活的脆弱，越能感受到内在‘必须’的冲击，这种心灵的冲击可以推动我们对他人做出反应。”[①] 因此，在学校里应当鼓励学生相互合作和帮助，鼓励学生参与校内外的公益活动，这一方面可以提高学业成

---

① 檀传宝著:《德育原理》，北京师范大学出版社 2007 年版，第 51 页。

绩，另一方面也可以培养关怀的能力。

4. 认可

认可是对他人道德行为的肯定和鼓励。即使有些人做了不道德或不关怀的行为，但可能是无心之过或者其本意是好的。这时我们如果能认可这种意图，发现一个人身上最好的一面，就能为他指明一个更好的自我，并鼓励其发展。认可只有在了解某个人，能够看出他本人的意图以及他的理想人格时才能达到效果。因此，认可必须以联系和了解为基础。

◇ 案例分享

怀念我的老师

我出生于浙江省平阳县北港山区的一个贫苦农民家庭。10 岁那年，我父亲借了几块钱，送我去读书。有一次，我写了一篇作文，其中有两句比较好的语句，有个教师竟怀疑不是我写的，在作文本上批了个“差”字。对此，我十分反感，以不听课的方式，对抗这位老师的蛮横无理。结果，这学年我又一次得到倒数第一名，差点不及格。

新学年开始了。新来的陈玉峰老师是一位正直可亲的读书人。不久，陈老师发现我比较沉默寡言，就主动接近我，对我说：“你是聪明的学生，你家穷，父亲宁愿让全家吃杂粮，却把大米省下来，送你上学念书，而你读书却无精打采，这对得起你父亲吗？”

我听了马上说：“读书，读书，有什么用？文章做得好，还说不是我做的。查清楚了，还给我批‘差’字，这不是存心在刁难我吗？”

“不！文章好坏，不是哪位老师可以决定的。”陈老师对我的想法进行开导，“个人的前途，要靠自己去争取，我看你的资质不差，只要好好努力，一定会成为有用之材……”陈老师的话，讲到我的心坎上。我想，是啊，怄气有什么用，这对得起老师，对得起父母吗？从这以后，我开始集中心思学习。这学年结束时，我竟获得全班第一名。以后每次考试，我都名列前茅。至今想起这件事，我仍非常感激陈玉峰老师，是他耐心的教导，使我走上好学的长途。

1915 年，我以优异的成绩考进了设立在温州的浙江省第十中学。就在上二年级时，学校聘请了一位姓杨的老师。他教我们数学。有一天，杨老师找我谈话："你的作文写得好，文史知识也很丰富。可是，我们的国家正处在水深火热之中，谈那些古老的历史、文学就能救国吗？"杨老师直截了当地宣传"科学救国"的道理。我终于向杨老师表示："我想多学点数学，请多加指教。"老师满腔热情地接受我的要求，只要我去找他，他总是尽力地给我以帮助。我不管酷暑严冬，还是霜晨晓月，都抓紧时间读书、思考、解题、演算，在数学上取得了比较好的成绩。为了证明三角形内角之和等于两个直角这一定理，我采用大同小异的二十种方法，并写成一份论文，被送到当时浙江省的一个学生作业展览会展出。由于我在这方面学习崭露头角，引起了中学洪颜远校长的关注。当时洪校长兼教平面几何，看到我勤奋学习，常在自修时看我的作业本，每看一道题，就露出一丝笑容，有时频频点头。

（苏步青：《怀念我的老师》，载《教师博览》2001 年第 12 期。）

讨论　回忆让你印象深刻的老师，说说他的故事。

四、加德纳的多元智能理论及其教育意义

（一）加德纳的多元智能理论

霍华德·加德纳（Howard Gardner）是世界著名教育心理学家，被誉为"多元智能理论之父"。加德纳认为，学校一直只强调学生在逻辑—数学和语文（主要是读和写）两方面的发展，但这并不是人类智能的全部。不同的人会有不同的智能组合。例如，建筑师及雕塑家的空间感（视觉—空间智能）比较强，运动员和芭蕾舞演员的体力（身体—动觉智能）较强，公关人员的交际—交流智能较强，作家的自知—自省智能较强，等等。

加德纳认为，个体身上存在相对独立的、与特定的认知领域和知识领域相

联系的八种智能。

（1）言语语言智能：指听、说、读、写的能力，表现为个人能够顺利而高效地利用语言描述事件、表达思想并与人交流的能力。

（2）数理逻辑智能：指运算和推理的能力，表现为对事物间各种关系如类比、对比、因果和逻辑等关系的敏感以及通过数理运算和逻辑推理等进行思维的能力。

（3）视觉空间智能：指感受、辨别、记忆和改变物体的空间关系并借此表达思想和感情的能力，表现为对线条、形状、结构、色彩和空间关系的敏感以及通过平面图形和立体造型将它们表现出来的能力。

（4）肢体运动智能：指运用四肢和躯干的能力，表现为能够较好地控制自己的身体、对事件能够做出恰当的身体反应以及善于利用身体语言来表达自己的思想和情感的能力。

（5）音乐韵律智能：指感受、辨别、记忆、改变和表达音乐的能力，表现为个人对音乐包括节奏、音调、音色和旋律的敏感以及通过作曲、演奏和歌唱等表达音乐的能力。

（6）人际沟通智能：指与人相处和交往的能力，表现为觉察、体验他人情绪、情感和意图并据此做出适宜反应的能力。

（7）自我认识智能：指认识、洞察和反省自身的能力，表现为能够正确地意识和评价自身的情绪、动机、欲望、个性、意志，并在正确的自我意识和自我评价的基础上形成自尊、自律和自制的能力。

（8）自然观察智能：指个体辨别环境（不仅是自然环境，还包括人造环境）的特征并加以分类和利用的能力。

（二）多元智能理论的教育学意义

第一，每个个体的智能各具特点。每个人都同时拥有相对独立的八种智能。这八种智能在每个人身上以不同方式、不同程度组合，使得每一个人的智能各具特点。

第二，个体智能的发展方向和程度受环境和教育的影响与制约。

第三，智能强调的是个体解决实际问题的能力和生产与创造出社会需要的有效产品的能力。传统的智能理论产生于重视言语—语言智能和逻辑—数理智能的现代工业社会。

第四，多元智能理论重视的是多维地看待智能问题的视角。智能是由同样重要的多种能力而不是由一两种核心能力构成的，各种智能是多维度地、相对独立地表现出来而不是以整合的方式表现出来的，这是多元智能理论的本质所在。

◇ **知识链接**

多元智能自我评估问卷

1. □书籍对我而言非常重要。
2. □我心算能力强。
3. □当闭上眼睛时，我经常能看见清晰的视觉图像。
4. □通常情况下，我至少要从事一项体育或体力活动。
5. □我有很好的嗓音。
6. □在同事或邻近的人眼中，我是那种给他们忠告和咨询的人。
7. □我经常要花时间单独对重要的生活问题进行深思、反思或思考。
8. □我至少有一个动物宠物。
9. □在阅读、表达或记录某物之前，我能够先在自己脑海里将其构想出来。
10. □数学和（或）科学是我在学校最喜爱的学科。
11. □我对颜色很敏感。
12. □我发现我很难长时间静坐。
13. □当音符走调时，我能发现。
14. □与游泳或慢跑等类的个体运动相比，我更喜欢羽毛球、排球、垒球等群体运动。
15. □我常常通过参加咨询会议或个人成长研讨会，来更好地了解自己。
16. □我喜欢到公园和其他户外娱乐场所去玩。

17. □我从听收音机或录音机中获得的信息要比从看电视或者电影中获得的信息多。

18. □我喜欢以逻辑思维方式来玩游戏或解难题。

19. □我经常用照相机或便携式摄像机记录我周围所看到的事情。

20. □我喜欢动手去做具体的活动。例如，缝纫、编制、雕刻、木工或建造模型。

21. □我经常用乐器演奏或想要用乐器演奏。

22. □当遇到问题时，我常常寻求他人帮助，而不是企图自己去解决。

23. □我能够用积极的态度面对挫折。

24. □我喜欢钓鱼、打猎或露营。

25. □我喜欢拼字游戏、字谜游戏或口令游戏。

26. □我喜欢提出“假如”类的问题。例如，“假如我给我的植物每周多浇两倍的水会怎样?”

27. □我喜欢玩拼图游戏、迷宫游戏和其他视觉游戏。

28. □我最好的想法往往在我外出漫步，或慢跑或当我从事其他体育活动时产生。

29. □如果没有音乐的话，我的生活将变得很糟。

30. □我至少有三个亲密的朋友。

31. □在生活中，我经常思考我的一些重要目标。

32. □我喜欢喂养和触摸动物。

33. □我喜欢用绕口令、可笑但押韵的话语或双关语，让大家感到快乐。

34. □我能在头脑中搜索到事物的图案、规律或逻辑顺序。

35. □晚上我会做清晰的梦。

36. □我经常用我的自由时间在户外活动。

37. □有时，我发现自己要哼唱熟悉的曲子。

38. □我喜欢社交性的娱乐活动而不喜欢个人化的游戏。

39. □在达成制定的目标后，我喜欢对自己进行评估。

40. □相对历史景观而言，我更喜欢参观拥有自然或地理景观的国家公园。

41. □有时，其他人要我停下并要求我解释所写或所说的话的意思。

42. □我对科学的新发展感兴趣。

43. □在不熟悉的地域，我通常能找到方位。

44. □我能很好地记住我曾经实际做过的事情。

45. □如果一首歌或乐器走调，我能立即发现。

46. □我喜欢试图将我所知道如何做事的方法教给其他人。

47. □我对我的优点和缺点有一个客观的看法（可以从其他信息来源的反馈中证实）。

48. □我喜欢阅读有关动物或者自然灾害（飓风、地震、火山）的故事。

49. □对我而言，在学校学习英语、社会学和历史比学习数学和科学更容易。

50. □我相信几乎所有的事情都有一个合理的解释。

51. □我喜欢绘画或随意涂画。

52. □当我与某人交谈时，我经常用手势或其他形体语言。

53. □我能很容易与一些简单的打击乐器的节奏合拍。

54. □我认为自己是一位领导人（或者其他人这样称呼我）。

55. □相对于与其他人一起待在一个著名的胜地，我更愿意周末单独待在一个小屋里。

56. □我喜欢在室内栽培花木或者种植植物。

57. □当在高速公路上驾车时，我对广告牌上的字的关注要比对风景的关注更强。

58. □在单位和家中，我喜欢分析他人所说和所做的事情是否符合逻辑。

59. □如果从高处直接向下看（鸟瞰），我能很容易想象事物可能出现的情况。

60. □我喜欢冒险的娱乐活动。

61. □我喜欢一边工作，一边拍打出声音或哼唱一点小曲。

62. □在人群中间，我会感到比较舒服。

63. □我经常写私人日记或日志来记录我的内心生活事件。

64. □我收集岩石、植物、蝴蝶、树叶、晶体等任何自然的物质。

评估说明：圈出你选中的数字，然后统计纵列画圈的个数，相加数字多的列，意味着你具有该列所代表的智能强项：

1	2	3	4	5	6	7	8
9	10	11	12	13	14	15	16
17	18	19	20	21	22	23	24
25	26	27	28	29	30	31	32
33	34	35	36	37	38	39	40
41	42	43	44	45	46	47	48
49	50	51	52	53	54	55	56
57	58	59	60	61	62	63	64
言语语言智能	数理逻辑智能	视觉空间智能	肢体运动智能	音乐韵律智能	人际沟通智能	自我认识智能	自然观察智能

各种智能的相应思考方式、嗜好及有效技巧

智能类型	思考方式	嗜好	有效技巧
言语语言智能	用文字	讲故事、阅读、书写、文字游戏	书籍、杂志、辩论、讨论、视听
数理逻辑智能	逻辑方式	做实验、攻难题、解决、计算	管理、解决难题、参观科学博物馆、探索新事物
视觉空间智能	采用图片	绘图、想象、设计	美术、观看视频和电影、创造性活动、阐析、参观博物馆

续表

智能类型	思考方式	嗜好	有效技巧
肢体运动智能	通过运动和身体感觉	舞蹈、运动、触摸、构造	游戏、戏剧、角色扮演、体力活动、动手学习
音乐韵律智能	音调和韵律	唱歌、哼曲子、节奏、倾听	合唱、音乐、参加音乐会
人际沟通智能	沟通	组织和规划、关联、协调冲突	团体活动、团体事件、社会活动、团体互动
自我认识智能	专心于自己	白日梦、沉思、计划	仅按时间、个人计划和需要选择
自然观察智能	自然关系、环境	户外、植物、动物、自然中听到/看到的事物	户外活动、成长的植物、与动物互动

（Thomas，*Armstrong Identifying and Developing Your Intelligences*，New York：Penguin Books 1993.）

第四章　小学生的特点有哪些

要教育学生必须先了解学生，并不断研究学生。这是教育学生、做好班主任的首要前提和必要条件。只有做到这一点，班主任的工作才能符合实际，对学生进行的教育才能有的放矢、因材施教，防止工作中出现主观主义和一般化倾向。

一、了解学生[①]

了解学生包括了解学生个人和了解学生集体两方面。了解学生个人情况，主要包括了解个人德、智、体方面的发展，兴趣、爱好、特长、品质、性格，以及他在家庭生活中的地位和他的社会交往情况等。了解学生集体情况是在了解学生个人情况的基础上进行的，主要包括全班学生的年龄、性别、家庭等一般情况，学生德、智、体发展的全貌，班风与传统等。

（一）了解学生的内容

了解学生的工作可以列出如下更详细的要求。

1. 关于学生个人

（1）一般作息时间与生活习惯；

（2）集体观念如何，与哪些同学比较要好；

（3）对各学科的看法、态度，学习方法和学习成绩状况；

（4）在家里最听谁的话，与家人的关系，每个月的零用钱及其用途；

（5）课余生活是怎么安排的，看哪些书；

---

① 王道俊、王汉澜主编：《教育学》，人民教育出版社 1999 年版，第 532 页。

（6）性格特点；

（7）是否自觉遵守纪律，在公共场所有无文明习惯；

（8）心目中崇拜哪些人；

（9）最尊敬的老师是谁，最喜欢什么样的教学方法。

2. 关于班级集体

（1）学生总人数，男、女生人数；

（2）学生家庭住址，家长职业状态（从事脑力劳动和体力劳动的百分比）；

（3）学生在家庭中排行情况，独生子女在全班学生中所占的百分比；

（4）学生家庭类型——复杂型（如三代同堂）、一般型和特殊型（如单亲家庭）；

（5）学生家庭物质条件，如居住面积、平均生活费等；

（6）学生身体素质状况，如基本健康的、有各种慢性病的、有残障的学生百分比，近视的百分比；

（7）班集体有哪些兴趣、爱好；

（8）与兄弟班的关系；

（9）集体的是非观念，有无正确的集体舆论。

（二）了解学生的方法

1. 常规方法

（1）观察。观察学生在自然状态下的行为表现可以获得学生多方面的真实情况。班主任观察学生要有目的、有计划，并深入到学生的学习、劳动、课外活动和课余生活中去，才能全面而真实地观察到学生的各种表现。为了能够在不惊动学生的情况下观察到真实情况，班主任要注意选择观察点。在日常观察中，班主任不可大意、视而不见，一定要细心、敏感，注意突然的甚至是微小的变化。某个活泼的学生为何突然沉默？一个守规矩的学生为何迟到？某某为什么心神不定？教师要注意这些细微变化，明察学生的内心世界，探明其原因。

（2）谈话。与学生的谈话方式很多：可以同某个学生单独谈话，也可与几个学生一道谈话；可以开门见山地谈，也可委婉地谈；可以让学生知道谈话目的，有指向性地谈，也可不让学生觉察问题，无拘无束地谈。但不论何种方式的谈话，班主任的态度要亲切、和蔼、真诚，必要时应当是严肃的；谈话的内容应当富有教育意义；在方式上要注意启发引导学生敞开思想，虚心听取他人意见，明辨正误是非，自觉提高认识。

（3）分析书面材料。有关学生的书面材料很多，大致有三类：一是学生档案资料，如学籍卡、历年的成绩和操行、体格检查表、有关奖惩的记录等；二是班级记录资料，如班级日志、班队会议记录等；三是学生个人写的资料，如作文、日记和作业等。分析资料，可以掌握学生德、智、体、美及其家庭、社会交往的全面情况，了解他们每一个方面的历史与现状及其发展趋势。这些情况不仅对班主任有价值，对家长与学生也很有意义。

（4）调查研究。为了深入了解学生情况或弄清有关学生教育的某个问题，常常需要调查研究。调查的对象主要是学生，还可以是学生的家长、亲友、任课教师、母校教师或其他相关人员。这可以根据具体调查任务来确定。调查的种类可分综合调查和专题调查。综合调查可以了解学生德、智、体各方面发生的规律性的变化，表现出来的特点、优点与问题，以便制订班主任工作计划。专题调查是为了了解学生个人或集体中发生的某个问题，深入而全面地掌握有关情况，以便采取有效措施，做出正确的解决和处理。①

2. 新型策略

除了传统的方法之外，现在班主任还可以利用一些新的方法来了解学生。主要包括以下几种。②

（1）名字接龙。学生围坐一圈，班主任详细说明要求：任意提名或用击鼓传花形式选出第一位学生，该学生报告自己的姓名，并用一两句话介绍有关自己的情况（如兴趣爱好、特长、最近发生在自己身上的一件趣事等）；第二位学生在自我介绍之前要先重复介绍前一位学生的名字，并简要复述前一位学生所讲的事情。例如，第一位学生说："我叫 ×××，我特别喜欢跳舞，在幼儿

① 王道俊、王汉澜主编：《教育学》，人民教育出版社 1999 年版，第 532 页。
② 邓艳红主编：《小学班级管理》，华东师范大学出版社 2010 年版，第 39 页。

园经常参加表演。”第二位学生应说：“她叫 ×××，她跳舞跳得很好。我叫某某某，我假期和爸爸妈妈去海边旅游，很开心。”班主任应参加活动，最好做最后一名发言者。一轮结束后，可以调换顺序重复进行，但介绍的内容需要更新，或者选自愿的学生依次说出同学的名字，或让学生说出与自己情况相同的同学名字。

（2）找朋友。学生排成两层的同心圆，随着音乐内外层逆向转动（也可边唱边转）；音乐一停，面对面的两个同学要握手并相互自我介绍；音乐再起时游戏继续进行。

（3）姓名内涵。听同学自我介绍并说说与自己姓名有关的以下问题：姓名有何来历和含义，愿意老师和同学课下用哪个名字称呼自己，学名、小名或其他名字是什么（注意上课应该用学名称呼）。

（4）点点心声。班主任提前设计好问题签，如你最喜爱的人是谁，你喜欢上哪些课，你希望老师是什么样的，你喜欢哪些动画片，哪件事最令你自豪，你长大后想干什么，你做过的最特别的事情是什么，你最喜欢的动物、颜色、食物等是什么？等等。问题签编上序号。学生围圈而坐，逐个抽签（或用扑克牌），依据题号回答问题。

（5）小记者。班主任亲自设计或者引导学生集体设计出一份调查提纲，每个学生拿着调查提纲寻找想了解的同学采访。采访结束之后，可以把采访结果打印出来，分发给每个学生和任课教师，或者张贴在教室内。

二、小学生身心发展的总体特点

小学班级的主要成员是年龄在 6—12 岁的未成年人。

在生理上，6 岁儿童的大脑重量为成人的 90% 左右，到 12 岁才基本达到成人水平；小学生的身体发育开始进入人生中的第二次“生长高峰”，高年级学生开始进入青春发育期，且女生的发育要早于男生。

在心理上，小学生的认知处于皮亚杰所说的“具体运算阶段”（即思维已具有可逆性和守恒性，但离不开具体事物的支持），高年级开始进入“形式运算阶段”（能对抽象的和表征的材料进行逻辑运算）。

社会性发展方面主要处于埃里克森人格发展阶段理论所指的第四个关键期——“勤奋感对自卑感”时期，即此时的儿童不可避免地面临竞争压力（如果他们在学习过程中体验到的成功多于失败，将养成勤奋进取、敢于面对挑战的个性，从而以后继续追求成功；反之，则难免养成自卑的个性，不敢面对现实中的困难）。

道德发展方面，根据柯尔伯格的道德发展理论，小学生主要处于从“前习俗水平”向“习俗水平”过渡时期，一般为“利己主义取向”（只按照行为后果是否带来需要的满足去判断行为的好坏）和“好孩子取向”（寻求别人认可，认为好的行为就是使人喜欢或被人称赞的行为）。

小学生的身心发展既具有共性，又具有差异性和不均衡性。小学生彼此之间在生理和心理的各个方面存在着差异；同一个小学生的身心各方面发展也是不均衡的。①

◇ 案例分享

在广济中心小学实习的日子里，作为401班的实习班主任，我们要每天中午管理班级的学生用午餐。学校要求，每个同学都至少吃掉两个菜，不能剩饭。在管理自己班同学吃饭的时候，我发现隔壁班的班主任，在给自己班饭菜吃得很干净的孩子们拍照，小朋友们会很开心地端着手上空空的盘子来到老师面前，让老师给自己拍照。不论这位教师是有意的还是无意的，我觉得她的行为在鼓励学生“光盘”方面，对比其他老师命令学生必须再多吃一个菜，绝对更加正面、直接、有效。学生在拍照的过程中感受到了荣誉感。这对他们来说是从被动“光盘”向主动“光盘”转变的过程。

讨论 为什么拍照会有效果？

① 邓艳红主编：《小学班级管理》，华东师范大学出版社2010年版，第3页。

三、“小幼衔接”与低年级学生入学适应教育

“小幼衔接”指小学一年级为新入学儿童适应小学生活所做的教育衔接。小幼衔接问题与我国目前的幼儿园教育和小学教育有所分裂的教育体制有关。

（一）小幼衔接问题产生的原因

1. 学习内容的结构变化

幼儿园课程主张打破学科的限制，以主题融合各类学科知识，主要包括健康、语言、社会、科学与艺术五大部分内容。这和小学教育中以学科来划分课程内容是有很大不同的。小学教育以分科教学为主，课程分为语文、数学、外语、社会、科学、艺术等学科。这些内容对于习惯了幼儿园主题式学习的儿童来说有较大的困难，从而造成儿童学习模式发生“突变”，导致了“小幼衔接”问题的凸显。

2. 学习方式的变化

游戏是幼儿主要的活动形式，这是他们天性的体现。儿童在游戏中学习，在游戏中探索世界。幼儿园课堂上随处可见儿童活动的身影。他们跟随教师做游戏、排舞蹈、演剧本等。教师并不要求儿童在课堂上规规矩矩、端端正正地坐好。这种“散漫”和规范化、纪律化的小学课堂要求有很大差异。小学阶段的儿童从入学的第一天起就不再是游戏学习了，课堂上也不可以随意走动。小学生的学习具有更多的认知加工的色彩。认知性学习主要通过头脑中已有的图式建构新知识，并不一定要手和身体的参与。这与游戏学习有很大的不同。儿童学习方式的改变是造成小幼衔接问题的重要原因。

（二）班主任对小学低段学生的入学适应教育

班主任对小学低段学生最重要的教育内容之一是入学适应教育。具体建议如下。

1. 班主任要理解自己对于孩子的意义，帮助孩子减轻入学焦虑

班主任对孩子施行教育时要考虑孩子的心理承受能力，基于儿童的天性进

行教育。班主任要多鼓励、多表扬、多关注、多肯定入学初期的小学生。因为他们刚刚进入一个新的环境，容易紧张、焦虑，比较敏感，需要班主任格外的关照。他们喜欢得到教师的赞赏和友好的回应，这会大大增强他们对新环境的喜爱，有利于帮助他们体验学校生活的幸福感。

2. 班主任要“温和地严格”，成为孩子又敬又爱的人

“温和地严格”指的是班主任要对低年级的学生表现出温和、温柔的姿态，让学生感受到老师是可亲近的，是饱含着爱的、可信赖的人。同时，低学段的班主任也必须牢固树立“为人师”的意识，不能整天与孩子“打成一片”，毫无原则地满足学生的要求，纵容他们的“天性”。教师应保持应有的“师者姿态”，可以和学生做朋友，但绝不能只是朋友。班主任在遇到规则和是非问题时，应明确而严肃地向学生表达自己的态度和观点，让学生感受到班主任是“温和而严格的”。

3. 班主任要明确规章制度，重视低年级学生的养成教育

小幼衔接阶段的孩子爱玩儿、爱游戏、好群体生活，同时也爱和同伴争高下，他们生动活泼，爱动爱闹，也常常出现不守规矩的行为。教师要巧妙地驯服他们这种不服从的天性，为孩子立规矩、讲责任、说义务，帮助孩子尽快适应小学生活。入学适应教育既不能扼杀孩子的天性，又要帮助孩子适应学校的生活。教师要反复强调并不断提醒学生守规矩、懂礼节，否则注意力维持时间短的衔接期儿童容易把教师的话忘到脑后。

◇ 案例分享

给一年级新生家长的一封信

各位家长：

你们好！

成为您的孩子的老师，我感到自豪和幸运。作为班主任，我殷切地期盼我们班的每一位老师能够得到您的信任和大力支持，让孩子在家庭、学校这两个生活学习的主要环境里和谐、快乐、蓬勃向上地发展。为了实现我们共同的目标，我真诚地提出如下建议，希望得到您的认同、支持和配合。

一、入学准备及有关事项

1. 备齐必需的学习用品：铅笔选用铅芯为 HB 的，不要用花花绿绿的铅笔。铅笔数量为 6—8 支，每支铅笔只削一头；前一天晚上削好，不用带卷笔刀。橡皮、尺子、铅笔及书包等，应以简朴、耐用和安全为宜。

2. × 月 × 日还要带好以下物品：一个水杯、3 本书。

（1）水杯高度要适中，让孩子放在学校使用。

（2）3 本书为孩子已经看过的书，放在班级图书角共享。

3. 养成良好的生活习惯。家长要引导孩子做到早睡早起。白天孩子学习节奏较快，晚上 8：30 前一定要让孩子入睡。早上到教室时间为 7：40，教师会安排十分钟左右的早读时间，请准时送孩子到校，勿迟到。

4. 在家里为孩子布置一个学习的小天地。书桌、椅子的高度要适宜，学习环境要整洁、安静。

5. 这两天要重点对孩子在校行为、礼仪常规和上课学习姿势进行训练。请家长每天坚持让孩子练习巩固坐姿、站姿、走姿、看书姿势、握笔姿势等。

6. 从 9 月 1 日起，家长要每天查阅家校联系册，提醒并帮助孩子完成相关任务。

7. 我们建了钉钉群，群号 ××。该群是老师们关于学校工作的正式沟通渠道，请大家不要在群里聊天。我们建了微信群，群号 ××。该群是教师和家长们沟通信息和聊天的地方。我们还建了 QQ 群，群号 ××。教师和家长们可以在该群上传学校活动的照片、视频等。

8. 班主任（× 老师）手机：

二、对于一年级的孩子，您可以这样辅导

1. 请您每天傍晚抽出一定的时间当孩子的“学生”，让孩子当小老师，将白天学过的内容说给您听。您还可以提出一些问题，检查孩子的掌握情况，然后让孩子自己认读、书写或听录音。

2. 孩子做作业时，家长要尽量避免在旁大声讲话或看电视，最好是坐在孩子身边静静地看书，既可以起到督促的作用，又可以营造学习的氛围。

3. 学校要求学生会读的课文或者会背的课文，家长要给孩子读或者背的时间，并且家长要有倾听的时间。当孩子读完或背诵课文后，家长要及时签字，以肯定孩子的成绩。

4. 关于拼音学习和生字。这是孩子入学后学习的第一个内容，家长要重视，要花时间指导孩子，让孩子多读、多拼、多听录音，达到熟练拼读，准确运用。学过的生字一定要及时掌握，坚持多听写、多练习，这样孩子就会积少成多。

5. 教学中有些内容需要家长大力配合。比如走出校门、家门到外面观察，一是可以找到新奇有趣的东西，二是可以帮助孩子认识更多的字。这对您的孩子来说，是一个很好的学习机会。

6. 培养孩子的阅读习惯。给孩子多买一点带拼音的绘本、儿歌等。家长如果有时间应和孩子一起阅读，多和孩子交流，让孩子喜欢上阅读并养成阅读的好习惯。

7. 数学方面要多做口算题，这需要您有足够的耐心和一定的时间；英语每天坚持听读 15—30 分钟。只要每天努力坚持，您的孩子就会不断提高。

各位家长，希望大家一起用心教育孩子，让孩子打下扎实的基础。

班主任：× 老师

× 年 × 月 × 日

4. 坚持从细节和日常入手

低年级的学生爱游戏，具有很强的好奇心。他们渴望通过亲身实践获取相关知识，了解外部世界，所以，教师可以尽力为儿童展示各种知识和新事物。由于儿童注意力有限，已有生活经验不足，所以他们学习新知识时，需要通过模仿习得，这就要求教师最好亲力亲为，创设新环境，为儿童逐一展示各个步骤，给孩子示范标准化的操作，让衔接期教育在细微处取胜。同时，教师还要不断重复已教授过的内容，因为儿童往往是“健忘”的，需要多次练习巩固。非细节化的讲授式教育，往往使孩子无所适从，导致“看起来简单做起来难”

的学习困难。细节化的教育主要包括两个维度，即横向规则细节的教育和纵向示范细节的教育。横向细节教育包括儿童去厕所、下课接水、中午吃饭、正确放置铅笔、恰当放置衣物、上课举手发言、有礼貌地到其他班级找朋友等无微不至、有礼有节的教育。纵向细节教育包括示范正确放置暂时不用的课本，示范有序发放作业本，示范课上礼貌用语，用编制的儿歌帮助儿童准确记忆，示范何时该为、何时不该为，讲解课后先去厕所再喝水的时间顺序等。总之，细节教育要求教师分解每一个教育内容的行动步骤，让孩子在逐步模仿中掌握新知识、新技能。①

◈ **案例分享**

教育日记

当我踩着上课铃声走进教室时，看到满教室的孩子都在叽叽喳喳地讲话，甚至有的还在翻口袋摸东西吃，没有一个孩子在安静地等待着老师的到来，没有一个孩子把老师的到来当回事。作为一个新任的一年级班主任，我感到很无奈。因为在向他们讲述一年级小朋友应遵守的“规矩”时，我不知道该怎样让他们把忙碌的小手停下来，把低垂的脑袋抬起来。于是我学会忍耐，学会宽容，学会等待。学会忍耐，意味着当看到课堂上不尽如人意的一幕幕时，能压抑住自己的情绪，能收回自己高扬的手，能深吸一口气默默数上二十秒后让自己的心平静如水。记得有一节课，上课铃声响过好几分钟了，别的小朋友都坐端正了，只有坐在前排的一个学生还在不停地说话，当时我满腔的怒火即将喷发，但是我忍住了。课后我找他谈话，告诉他上课要注意遵守纪律，现在他上课不再像以前那么好动了。随之而来的，就是得不急不躁，温温柔柔地逐渐树立起自己的威信。如果一味无原则地忍耐与宽容，那是放纵，是溺爱，是“捧杀”，孩子会分不清对与错，看不透是和非。

如何引导孩子改掉以前的不良习惯，让他们尽快地进入角色呢？这个

① 李晓雯：《基于儿童天性的小幼衔接期教育研究》，硕士学位论文，首都师范大学，2014 年。

问题摆在了我的面前。于是我开始了“攻心战”，让孩子们明白怎样做才是一个合格的小学生，让文明、守纪、活泼、友爱真正地根植于他们的心中。灵感来自偶然，一次偶然的机会，我在黑板上画了两棵小松树，边画边讲：有两棵小松树，一棵小松树长了枝丫，园丁帮它剪去枝丫；生了虫子，园丁又帮它打药。于是它长得越来越壮，长成了参天大树，沐浴着阳光雨露，享受着生命的乐趣。而另一棵小树拒绝园丁剪掉自己多余的枝丫，也拒绝园丁的管理，所以后来它的枝杈越来越多，树干长得弯弯曲曲，虫子腐蚀了它的树干，最终它成了一株枯树。看着画完的两棵长势完全不同的小树，我问孩子们：“你希望自己是哪棵小树?”他们脱口而出：“第一棵!”我开始了引导：“你们就像这小松树，你们的缺点就像这树上的枝丫，许多坏习惯就像这树上的害虫一样在损害着你们的健康。你们希望老师帮你们剪掉‘枝丫’，捉掉害虫吗?”“希望!”“那么从今天起，如果你在生活中有了缺点和毛病，老师就得毫不留情地指出来，帮你改正，好吗?”“好!”从几十双期待的眼睛中，我知道我的“攻心术”成功了!“从现在开始，比比哪棵小树坐得最端正!”孩子们一个个都挺起了腰板，胸脯挺得高高的!从那以后，当他们站队不自觉时，我就会说“比比哪棵小树站得最直!”当他们有错误时，我会说“比比哪棵小树最听话!”而我，也在心里默默地祝愿着“愿我的小树早日长成参天大树!”

如何帮低年级学生养成良好的课堂行为习惯呢?结合实践经验，我总结了一些方法和技巧。

其一，以编儿歌的形式让学生在轻松愉快的氛围中养成习惯。如“一二三坐坐好，三二一静下来”。

其二，发挥激励作用。苏霍姆林斯基说过：“在儿童的心灵深处，都有一种希望自己被表扬的欲望。”低年级的孩子特别希望得到老师的赞扬。为此，我在工作中从不用放大镜去寻找学生的错误，而是用显微镜去观察学生的优点。学生行为习惯的每一点长处，都不会逃过我的“雷达”扫描，都会得到及时的表扬。另外，我还在班级开展了各种各样的竞赛活动，如在班级中开展“争创每月上课星级学生”活动。遵守纪律的、积极举手发言的、上课认真听讲的、作业一丝不苟的学生都可以得到一朵花。到月底，比一比谁得的小红花多，人人争当本月优秀学生。

其三，注意巩固良好的习惯。从心理学的角度看，学生对学过的技能会产生遗忘，因此“反复抓”成为班主任的一项重要工作。可以多用比赛、竞争、夺红旗等方式来巩固学生的良好习惯。

（贺莉明：《教育日记》，载《新课程（小学版）》2007 年第 3 期，有删减。）

四、中年级学生的心理特点与自我管理教育

（一）中年级学生的心理发展特点①

与低年级学生相比，中年级的学生对于学校的要求、学习的环境已经非常熟悉，适应性问题已经不会对他们造成影响；与高年级的学生相比，他们也不需要面对升学的压力。这个时期的学生有其特殊的身心发展特点。

1. 心理发展特点

（1）思维迅速发展。8—10 岁的儿童思维处于具体运算阶段。这一阶段儿童的特点是逻辑思维发展非常迅速。另外，中年级学生的表达能力和理解能力也处于高速发展的时期，所以要注意培养学生的阅读能力和写作能力。

（2）机械识记向意义识记转化。一般从三年级开始，学生的有意识记就开始成为主导，随着他们理解能力的提升和知识的积累，意义识记所占比例也越来越高。

（3）注意力、稳定性显著提高。注意力是将自己的思维、知觉、感觉集中在某一项所选择的活动上，同时抵御其他事物干扰的能力。中年级学生注意力的目的性明显增强，集中时间大约为 30 分钟，完全可以胜任更加复杂的学习任务。

---

① 张晓杰：《小学中年级学生心理发展不容忽视》，载《学周刊》2012 年第 8 期。

2. 道德发展特点

中年级学生开始认识到大人的说法并不需要绝对顺从，一般的道德准则也是处于不断变化的状态。所以，他们之间的规则已经具备了确保相互给予、共同行动的可逆性特征，即我遵守规则，你也要遵守规则。对于好坏的判断标准也不再是以权威进行判断，而是以是否公平进行判断，即公平的就是好的，不公平的就是不好的。所以，中年级学生的道德评判已经开始脱离外界给予他们的束缚，道德自律开始萌芽。同时，中年级学生的意志发展正在由他律向自律、由弱到强转变。他们的行动开始从受外部约束、服从权威向内部的自我认识方面靠拢，行动的目的性变得越来越强，克服困难的意志开始形成。

3. 情绪情感特点

中年级学生的情感开始由浅显、外露向深刻、内控的方向发展。三年级是学生情感变化的转折时期，四年级是学生良好的情感能力培养的关键时期。在中年级阶段，学生对于教师和家长的批评指责已经具备了一定的“免疫力”，不会再用哭闹、生气的方式予以回应。所以，这时对他们的指责大多只能在短时间内发挥作用，时间一长，他们可能会“故伎重演”。所以，简单粗暴的批评教育方式对于中年级学生已经不再适用。

4. 社会交往的特点

与低年级学生明显不同的是，中年级学生的朋友突然多起来了，放学后还要一起玩耍，电话联系增多，因此人们经常将中年级的学生称作“团伙阶段”。中年级的学生独立自主意识开始增强，更愿意与同龄人相处，社会交往的频率和意识都有显著提高。在他们心中，父母、教师的意见可以不听，但是同伴的意见却不得不重视，这是因为他们害怕被同伴孤立或抛弃。随着同伴数目不断增加，各种助人、合作、信息分享行为开始增多，学生对于他人的同情、对于他人情感的理解、倾听和表达能力都会得到飞跃式的发展。

5. 叛逆

中年级的学生更乐于通过发表自己的观点来引起他人的注意。很多家长发现，孩子在进入中年级后，变得“有主意”了，之前的百依百顺不复存在，“顶嘴”现象越来越多，而且对于学习也开始进入“迷茫期”。

（二）中年级学生的自我管理教育[①]

中年级阶段，班主任要逐步开始引导班级和学生学会自我管理。这是因为他们已经有了一定的自我管理能力。班主任要在实践中培养学生自我管理的能力。

1. 责任落实到人，强化自我管理

班级中的各项工作都分配到人，责任落实到人。由于各项工作都有专人负责，因此，即使班主任不在，学生也能按部就班地正常开展工作。在此过程中，班主任并非不管，而是仔细观察，发现其中的问题及时处理，并定期进行总结和表扬，以增强学生自我管理的积极性和自觉性。

2. 为学生搭建活动平台，提高自我管理能力

丰富多彩的活动是学生喜闻乐见的受教育方式。为了最大限度地让学生通过活动提高自我管理能力，活动前，教师可以和学生共同拟定严密的活动计划，确保活动顺利进行；活动中，教师在给予活动指导的同时，应尽量鼓励每一位学生发挥自己的作用，使每一位学生都得到锻炼的机会；活动后，教师要注重对活动的后效管理，引导学生对活动进行总结，并提出明确要求。教师应要求学生在活动中是怎样做的，在平时也应怎样做，以使活动长久地发挥效能。

3. 要在学生中树立典型榜样

小学生的模仿力强，可塑性大。对他们来说，榜样的力量是无穷的，尤其是身边的典型事例更加真实和直观，更能感染他们。榜样可以是一贯优秀的学生，也可以是进步较大的学生。让优秀的学生在体验成功的愉悦中再接再厉，不断奋进；让暂时落后的学生找到差距，奋起直追，不断进步。班主任应经常对学生的自我管理能力给予肯定，让他们不断看到自我管理的成绩。心理学研究表明，人们往往对自己可能取得成功的事感兴趣，而不愿意去干不能成功的事情。因此，不断让学生体验到成功的快乐是调动其积极性的最有效的手段。

① 邓艳红主编:《小学班级管理》，华东师范大学出版社 2010 年版，第 146 页。

◈ **案例分享**

学生手机啥时能开？听证决定！

“每隔一段时间，我们就会组织学生开展校园听证会，议题各种各样，每一个都很有意思。”天山第一小学校长吕华琼记得，第一个听证会主题是“iPad可以进课堂吗”。当时，学生分成几个小组，通过图书馆、网络等收集信息资料。赞同方认为，使用iPad可以创新课堂教学形式，增加师生间互动；反对方认为，使用iPad会分散学生的注意力。根据听证结果，学校很快出台了相关管理制度——不允许学生自带iPad进教室，但教师可以利用iPad介入某些课程教学。

针对春游、秋游是否能带电子产品，天山一小也开展过一场听证会。吕华琼说，孩子们认为春游、秋游是接触大自然的好机会，而电子产品让人将注意力投到方寸屏幕，忽略了美景，也影响了交流。一番唇枪舌剑，孩子们一致通过了“春游、秋游不带电子产品”的规则。

（王海燕：《学生手机啥时能开？听证决定》，载《解放日报》2015年12月1日。）

案例分析　苏霍姆林斯基曾经说过：“真正的教育是自我教育。”中年级学生的独立自主意识逐渐增强，乐于表达自己的观点，具备一定的自我管理能力。案例中的校长组织学生开展校园听证会，引导学生积极参与并发表观点，做自己的“小主人”，体现了学生的自我管理能力。学校根据听证会的结果出台相关的管理制度，充分尊重了学生的意见，提高了学生遵守学校管理制度的自觉性。学生参与学校管理是学生主体地位的体现，这不仅调动了学生的积极性，还培养了学生的责任意识、主体意识和权利意识。同时，在学生自治中要正确处理好学校、教师主导和学生主体的关系。学校要把握好学生自治的范围，处理好权限关系，发挥学生自治的最大优势。

五、高年级学生的心理特点与青春期教育[①]

青春期是个体性机能迅速发展至性机能成熟的阶段，也是人生各方面变化最大的阶段。小学五六年级学生的生理发展可划分为三个类型：一是未进入青春期前期，他们的生理特征是男生喉头未增大，女生乳房未发育；二是处于青春期前期，他们的生理特征是男生喉头开始增大到第一次遗精，女生乳房开始发育到月经初潮；三是进入青春期，以男生第一次遗精、女生月经初潮为进入青春期的标志。据统计，小学高年级中有 80% 左右的学生处于青春期前期。

（一）小学高年级学生的心理特点

1. 思维活跃，但缺乏持久力

这一时期的学生大脑神经高度兴奋，极易冲动，神经系统的活动具有强烈的爆发力。但由于大脑和神经系统刚刚发育到青春期，尚不完全成熟，因此他们缺乏持久力。在这一时期加强毅力的培养和耐力的锻炼是十分必要的。

2. 独立意识渐趋强烈，并逐步建立自己的社会角色

在学校，他们常常容易以自我为中心，希望别人仰慕、关注自己；在家里总想尽力摆脱家长的管束，对于父母的爱护与帮助不以为然，甚至采取嘲讽、讥笑的态度。在很多事情上，他们总想我行我素，自作主张。而事实上他们并不具备独立的生活能力和成熟的心理素质，因此在生活中往往容易产生一些幼稚的行为。这与他们独立意识增强带来的负效应有关。他们虽然开始有了自己的思索和追求，但往往是不切实际的，在行动中容易“碰壁”或“栽跟头”。

3. 感情丰富，易于冲动

这个时期的学生，从积极方面说，看了好电影，听了劳模的报告，阅读了有积极意义的小说等容易受感染，激情迸发，内心产生一种不可抑制的献身精

---

① 邓艳红主编：《小学班级管理》，华东师范大学出版社 2010 年版，第 150 页。

神；从消极方面看，由于心理素质不成熟和感情脆弱的弱点，他们常常会受到外界不健康或有害思想的侵蚀与诱惑，甚至受到坏人的教唆，身心受到伤害，给个人、家庭和社会造成无法弥补的损失。

4. 求知欲强，兴趣广泛

在儿童期，学生的求知欲虽然也很强，但缺乏主动性，获取知识的范围和渠道主要取决于家长。从青春期前期开始，他们已初步具备了主动探索知识的能力。面对大千世界和知识的海洋，他们样样都感到新鲜，对什么都有浓厚的兴趣。这对他们增长知识无疑是十分有利的。但是，这种旺盛的求知欲也可能产生一些不良后果。他们可能对成人划定的“禁地”感到好奇，如性、网络游戏、赌博等。

5. 心理年龄与生理年龄不同步

即将进入青春期的少男少女，生理发育上逐渐接近成年人，而由于步入社会时间短，在心理上社会角色模糊，所以表现出生理年龄滞后、不适应的情况。特别是遇到突发事件时往往准备不足，缺乏应变能力，显得手足无措。

（二）开展青春期前期教育的原则

1. 适时、适量、适度的原则

青春期前期教育必须依据青少年身心发展渐进性的特点，既不超越，也不延缓，确定恰当的教育时机，使学生有准备，能愉快健康地走进青春期。性教育要根据学生的年龄特点和承受能力，把握分寸，防止过度，选择相匹配的教育方法，并组织灵活多样的教育和辅导形式，指导青少年形成健康的性意识。

2. 科学的原则

在对学生进行青春期前期教育时，建议把握“温、文、稳、问”的四字原则。

“温”即温暖，科学地谈性，并不意味着罗列专业术语和现实回放，而更应是一种温柔、自然、充满爱的态度。令人感到温暖的态度是性教育的前提。

“文”即科学性。科学不仅指概念的科学，还指传授知识的方式是科学的。

“稳”指的是不能操之过急，尤其是性教育方面，必须小心翼翼。

"问"指的是要鼓励孩子发问，让孩子能和教师自然地交流，为孩子铺设不同的交流渠道。这既是课堂的延伸，同时也是解决敏感话题的必要手段。

3. 紧密联系学生生活实际的原则

青春期前期教育有一个很显著的特点，就是要帮助学生解决生活、心理等诸方面的实际问题。所以不能一味地讲解知识，而要通过引导和实践，让学生掌握解决问题的方法。比如，对女生可以从生理变化讲解入手，让她们学会爱惜、保护自己的身体，进而懂得如何自尊自爱。而这时的男生随着身体不断变强壮，开始对力量着迷，觉得可以靠力量控制、解决事情，达到一些目的。所以在青春期，很多男孩子会因为使用不好"力量"而带来恶果。如果教师单纯强调纪律，往往会引起孩子情绪反弹。因此，在小学高年级引导男生重新认识"力量"是非常必要的。

（三）开展青春期前期教育的方法

1. 讲座

讲座是进行青春期前期教育常用的方法。讲座的好处是覆盖面广，内容具体，指向性强，信息量大；不足是缺少互动，不能照顾到个别需要。讲座的方法比较适用于知识讲解。

2. 谈话

谈话是班主任与学生的个别谈心或交流，其优势是及时、私密、高效、灵活。这里需要强调的是，谈话绝不能是教师的"单向输出"，要有倾听、激导、支持的过程。倾听是了解的手段，是无条件接纳的表现；激导是帮助学生自己理清思路，寻找解决问题的方案；支持是一旦看到学生找到了相对正确的答案，表示支持，加以强化。

教师要平等待人，尊重学生，实现师生双向沟通，帮助学生自己作出决定。教师应充分理解学生，无条件地接纳他们，真诚对待每一位学生，把学生看成一个有无限潜能的人、一个人格健全完善的人。同时，教师要引导学生倾诉自己心中的想法，从他们的倾诉中发现问题，并在此基础上帮助他们解决问题，挖掘自身的发展潜能，顺利地进入青春期。

◇ **案例分享**

304班有一个小男孩喜欢班里一个小女孩，从二年级到三年级，已经“追求”了很久，送玫瑰花送小零食，这份纯真的心意特别炽热，但也让文静的小女孩感到困扰。陈老师今天早自习下课后就说起了这件事，开场特别可爱，让人会心一笑。

“一个优秀的女孩子被别人喜欢太正常了，要是没人喜欢才惨呢!”说完孩子们都在笑。

“但是，优秀的女孩子是知道什么时候做什么的。当我们还是学生的时候，我们最该做的就是?”

“好好学习。”“考出好成绩回报父母。”“让爸爸妈妈为我们骄傲。”孩子们纷纷说起来。

“只有好好学习，才能变得更优秀。”

陈老师的话到此为止，别的什么也没提。孩子们的表情也很放松。要是我小时候，有一个老师能这么和学生说说话，多好啊。我们的老师都把“早恋”当成洪水猛兽时，学生也会避之不及，一有蛛丝马迹就会闹得沸沸扬扬。闲暇时，陈老师悄悄对我说：“这个例子比较特殊，因为他是真的很喜欢，我原本以为过个几周也就好了，没想到都两个学期了。孩子的年纪比较小，我们不能用粗暴的方式，只能有时候正确引导一下。而且，跟男孩子说一般是没用的，要和女孩子提一下，她们就会说‘老师我知道了’。班里呢，因为这件事一直有流言，但是老师一定要控制住局面，要让孩子们明白，喜欢是一种很美好的情感，不用为喜欢别人或者被别人喜欢而感到难为情，但是什么年纪做什么样的事还是要懂的。所以我们班不会出现嘲笑、排斥当事人的情况，顶多是八卦一下，小孩子嘛!”做操去的路上，一个小男生偷偷给我指了他喜欢的女孩子——“为了她，我可以变得更好。”

讨论 谈谈你对小学男女生交往的看法。

◇ **知识链接**

于永正给新老师的20条建议

一、老师要在上课铃声未落之前到达教室门口。铃声落了，教室里的多数人如果对你视而不见，依然我行我素，乱哄哄的（低年级小朋友尤甚），你不要发脾气，而要静静地观察每个人，目光不要严厉，但要犀利、灵活、有神。一般情况下，片刻之后，多数学生会安静下来。此时，你一定要及时给同学们一个满意的表情，表扬表现好的人。表扬要具体，指出哪一排、哪一组的同学安静，哪些学生坐得端正。

如果还有人在说话，甚至打闹，则可以用一种期待的或者严厉的目光"盯"住他。如果无效，则点明某一排某一人正在做影响大家上课的事。因为你还不知道他们的名字。如果还无效，则迅速地走到他们眼前，请他们站起来，严肃但措辞文明地告诉他，之所以请他们站起来，是因为他们无视课堂纪律，影响了别人学习。必要时，则请他们把名字写在黑板上，然后说一句："噢，我知道了，你叫李勇，你叫王强。"（心中一定要记住他们的名字）不要指责，更不能挖苦，特别是高年级的孩子，他们会知道老师这样做、这样说的意思。

千万不要不管班级当时怎么样乱七八糟，傻乎乎地走进教室。否则，你很难把课上下去。真的，有些小朋友不是你想象得那么可爱。儿童天性好动、好说、好问，有人一刻也坐不住。低年级的儿童不懂什么叫"权威"，什么叫"尊重"，什么叫"民主"，所以一定要给他们立规矩。规矩带有强制性、约束性。一开始，教师就要和学生约法三章——上课应该怎样做，不能怎样做，如果违反了，老师要怎样处分等。

二、一旦进入课堂，就要像京剧演员一样，精气神十足。走进课堂，要把90%的注意力放在学生身上，10%的注意力用在教学方案的实施上。

要善于用眼睛表达你的满意、生气和愤怒。尽量不要吼叫，训斥只可偶尔为之。目光要经常瞥向那些神不守舍、好动、好说的学生，可以请他们做点事——比如读书、读单词、表演、到黑板上默写等，这叫"以动治动”。最要紧的是不断地鼓励、表扬、提醒学生，但话要简洁明了，忌婆婆妈妈式的唠叨。

这样的表扬会更有效：

“第二组同学坐得最端正。”——如果班级里某一角落出现“骚动”。

“李勇的眼睛一直看着老师。”——如果李勇的同桌走神了或者在做小动作。

“小强同学善于思考。”——如果小强的同桌读书心不在焉。

要把问题消灭在萌芽状态。必要时，可以把个别学生座位调动一下。“请小勇和李丽对调一下座位。”最好把个别纪律差的学生调到离老师近的位置。

对此类问题，处理要果断，要快刀斩乱麻，不必说什么理由。

三、要尽快地记住每个学生的名字。首先记住表现好的和表现差的学生的名字。直呼其名的表扬胜于不指名道姓的表扬，指名道姓的批评、提醒，有时效果更好。把学生座次表写出来，上课时放在讲桌上。这样做，有助于记住学生的名字，尽快了解每个学生及其家庭的情况。

四、要注意教学形式，手段多变。低年级学生的注意力是很短暂的。如果第一个词是老师领读，第二个词也是，那么第三个就要请优秀的学生当回老师了。

第一遍读课文是齐读，第二、第三遍最好自由读，或者同桌之间互相读。读书、读词不要让学生扯着嗓子读（低年级易犯这个毛病）。如果要求全班学生读单词，能不能声音由低到高，再由高到低？那一定是很有趣、很有意境的。

板书“大”和“小”，故意把“大”写得大大的，把“小”写得小小的；板书课题《骆驼和羊》，故意把“骆驼”写大，把“羊”写小；板书课题《鲸》，故意把这个字写得斗大。如此，学生一定发出会心的微笑。这也是变化。

这个词让学生联系上下文理解，那个词则请他们以动作表示；这个词请学生用它说句话——在应用中理解，那个词请他们查查词典。

这都叫变化。没有变化，学生会生厌；没有变化，也就没有教学艺术。

五、要细心观察学生，全面了解学生，倾听学生的谈话。如果你在适当的时机和场合，不经意地说出某一个学生做的一件值得称道的事或值得称道的一种表现，他不仅会感到吃惊，而且受到的鼓舞也会特别大。表扬要有实指性，忌空泛。“你做作业总是那么细心，很少有错误。”“你回答问题不但正确，而且口齿清楚。”——这样说就具体了。恰当地使用肢体语言，可以让学生感到你的真诚和亲昵，拉近师生的距离。如抚肩、手，贴贴学生的脸蛋等。

六、教低年级，可把全班分为几个组（如四个组），上课时，不论哪个同学在哪些方面表现好，都在他所在的组上画一面红旗或一个苹果；有人表现不好则擦掉一面红旗或一个苹果。下课时，表扬表现特别好的组。

这个办法对维持课堂纪律很有效。

七、不要追求课堂教学的热闹，小手如林，你说我说，有时可能是“虚假繁荣”。要让学生学会思考，潜心体会文本。告诉学生老师提出问题后，必须经过思考方能举手，老师喜欢想一想，想好了再说的人。

可不要把孩子教浮躁了。宁静以致远。有的学生很优秀，也喜欢举手，你可以这样对他说：“我知道你很优秀，当别人说不出、读不好、写不好时，再请你出马，怎么样？”不能让少数学生“独占课堂”。

八、课间尽可能多和学生一起玩。如果和他们一起做游戏，要遵守游戏规则。倘若你犯规，同样要接受相应的处罚。这样，学生就会真真切切地感受到你是他们中的一员，你和他们一样。

九、上好第一节课。精心备课，把握准教材，把教材装在心里，准备好教具，组织好教学。一旦学生安静下来，要尽可能地展示自己的特长和才能。

如果——

开头的一段话热情洋溢；

板书的第一个字让学生为之赞叹；

第一次朗读让学生为之感动；

用丰富的表情和机灵的眼神吸引住学生；

用有分寸的幽默让孩子笑起来；

充满爱意的一次抚摸让学生感到亲切；

教学方法的变化让学生感到有趣，使他们注意力集中；

那么，你就成功了。如果这样，而且今后也不懈怠，我敢说，你绝对成功了。以上说的几个方面能做到一半，也会成功。哪一方面不足，就努力去修炼。

十、肚子里要有几个故事和笑话，找机会讲给学生听。老师讲故事，学生会终生不忘。忘不了故事，就忘不了你这位老师。讲故事特别能让调皮的学生亲近你。当好动的学生拉着你讲故事时，你不要趁机给他提要求，更不要批评他，否则他会难堪。你可以这样说："没想到你喜欢听我讲的故事！以后肯定有机会。"要利用这个机会和学生进行交流。

十一、我还是担心你驾驭不了课堂，组织不好课堂教学。

必须对影响大家学习的学生说："这个班不是只有你一个人，而是几十个人。你做任何一件事都得先考虑，会不会影响大家。可以利己，但不能损人；损人利己是大家决不会容许的。"

对低年级小朋友可以把话说得浅显一些："你一说话，就会影响别人听讲、做作业，所以请你不要随便讲话。"

课堂上，教低年级的老师说得最多的话是组织教学的话。"苦口婆心"这个成语是教低年级老师的真实写照。

十二、要经常读——注意，我说的是经常读——教育学、心理学以及教学论等方面的著作，要养成翻阅各种教育杂志的习惯。读书要跟自己的实际联系起来，要把读书所得运用到工作中去。

十三、如果你犯了错误——比如问题处理不当，说话欠妥，一定要当着全班学生的面认错，向学生道歉。老师向学生认错、道歉，错误就成了一种教育资源。

十四、讲到重点部分，或者讲关键问题的时候，一定要组织教学，给注意力不集中的学生提个醒。否则，学困生的队伍不断扩大将是不可避免的。

十五、品学兼优的学生谁都喜欢，但切不可让学生看出你的偏爱。偏爱是当老师的大忌之一。你和孩子相处时间长了，会感到每个孩子都有可爱的地方，要学会赏识孩子。让学生感到你赏识他的办法很简单：主动地和他们说说话；夸夸他们的某一长处；拍拍他们的肩；和他们一起玩，如扳手腕；请他们替老师做点事，如收作业本等。如果扳手腕你让着学生点，偶尔让学生赢一次，他一定会兴高采烈，念念不忘："哇，我战胜老师了。"

十六、最好当班主任。当班主任，才能真正感受到当老师的甘苦，才能更好地锻炼自己。

如果当了班主任，别忘了搞活动。想一想，你童年时代最喜欢什么活动，那时你希望老师搞什么活动。搞活动最明显的作用是能增强同学之间的团结和班集体的凝聚力。

十七、对学生要求要严格，但不要太厉害。老师如果太厉害了，可能会让懦弱的孩子变得暴戾或更加懦弱。什么事过了头，都会走向反面。像孔子说的那样，做到"温而厉，威而不猛，恭而安"。如果你今天狠批了张三一顿，明天一定要找个理由表扬他，至少要主动和他说话，好像昨天什么事也没有发生过。

十八、还有一点要说一说，即对所有学生家长都要以礼相待。不要在家长面前指责学生。对任何学生都要先肯定他的长处，把优点放大，也要让学困生的家长树立信心。"罗森塔尔效应"同样适用于学生家长。

尽量不要请家长到学校来，而应该主动到学生家去。如果老师心平气和，推心置腹地和家长交谈，学生和家长该是一种什么感觉、一种什么心情啊！在这种情况下，无论谈什么，学生和家长都会接受的。

十九、记得京剧艺术大师梅兰芳说过这样的一句话："不看别人的戏，就演不好自己的戏。"演戏如此，教学也如此。看优秀老师的课，就像读活的教育学、活的教学法，这与读书的感受是大不相同的。你走向讲台前以及走向讲台后务必抽时间听听别人的课。我要不是听了李孝珍、斯霞、王兰、李梦铃、左友仁、李吉林、张光缨、贾志敏、支玉恒、靳家彦、张树林等众多优秀老师的课，恐怕是不会把课上好的。也可以这样说：“不听别人的课，就上不好自己的课。”

二十、以上说的都是初为人师时所要特别注意的。你今后有志于当老师，请你记住古人的这两句话：学高为师，身正为范！

（《全国著名小学语文特级教师于永正给新老师的 20 条贴心建议》，载《小学生（探索心理）》2010 年第 1、Z1 期。选入本书时略有改动。）

第五章　如何选拔和培养班干部

班干部是班级内部的骨干，是班主任的得力助手。选好班干部，可以促进班集体的巩固和发展，完成班级工作任务，对促进班级工作有着积极的作用。

◇ **案例分享**

小学班干部惹起大争论

7 岁的秋秋是小学一年级的学生，左胳膊上别着一个五角星，她说这是儿童团团员的标志，说话时小脸上洋溢着自豪。自己是每天帮老师记录同学考勤的小助手也让秋秋觉得自豪。为了做好考勤工作，她每天不用妈妈催促，提前一刻钟到学校。尽管二年级才设置少先队干部、班干部，秋秋已经向着班长的方向努力了。

秋秋的小脑袋里还没有“干部”和“管别人”的概念。在她看来，班干部一定要乐于助人和成绩优秀。但犹豫再三后，秋秋最终放弃了“成绩优秀”的必备条件，选择了乐于助人。秋秋认为，如果自己当了班干部，可以帮助更多的同学，同时受到老师和同学的更多喜爱。其实，这也是大部分学生的想法。问卷调查结果表明，想通过当班干部来“锻炼自己能力”的同学人数最多，共占 41%；另外有 19% 的同学表示，当班干部不仅是父母的期望，同时也能让老师更加喜欢自己。

程老师是一名有着 25 年教龄的小学教师，她眼中的班干部、少先队干部要有能力、有公心、肯奉献。设置班干部制度的目的是培养、锻炼学生的组织能力，让独生子女有集体意识。因为少先队干部每学年改选一次，角色的改变也能让学生学会换位思考，主动为他人着想。

当然，理性分析，班干部制度的确存在利弊两个方面。北京师范大学魏曼华老师认为，现行的中小学班干部制度有非常重要的价值。一方面我国中小学的班级人数较多，教师的教学任务重，精力不足，班干部能够帮助教师管理、处理班级和学生事务。同时，班干部制度也是学生自我管理和自我教育的一种制度。特别是对于担任班干部的学生而言，可以在这一过程中锻炼和培养诸如沟通、交流、理解、同情、管理以及领导能力。但另一方面，这种制度的确也有一些弊端。“尽管有些抨击较为片面、极端，但的确在某种意义上指出了班干部制度的弊端所在。”魏曼华说，“班干部替代教师行使一部分管理职责，但是，怎样正确地行使权力，对班干部的工作如何监督等，对于这些，学校和教师还缺乏相应的引导。”在这种情况下，教师要了解班级情况，班干部“打小报告”“告密”就成了司空见惯的事情，这并不是说孩子们存有恶意或者品行不端，而是年纪越小，越不能判断什么样的事情应该告诉老师，什么样的事情只是同学之间的小秘密。

（刘茜：《小学班干部为何惹起大争论》，载《光明日报》2011 年 12 月 29 日。选入本书时有删改。）

讨论 有的班干部觉得自己是“当官的”，滥用权力。有的班干部担心自己被同学们当成老师的“小间谍”，在班级管理中不敢坚持原则。对此你怎么看？

一、班干部对班级的重要性

培养集体必须健全集体的组织与功能，使它能正常开展工作，发挥应有的作用。这里的关键是要做好班干部的选拔与培养工作。在接手一个新班时，班主任不宜急于配齐班干部，可先指定临时负责人。经过一段时期了解，待积极分子涌现之后，再正式委派或选举班干部。班干部一旦产生，就要注意严格要求和培养提高。班主任对班干部不可偏爱和护短，以免助长他们的缺点、错误，导致班干部与普通学生对立和班级的不团结；要教育他们谦虚谨慎，认真负责，不断提高修养水平和工作能力，以身作则，团结全班同学一道前进，充分发挥集体的核心作用。[①]

◈ **案例分享**

王老师说选好班干部十分重要。选好了班干部，老师做起工作来会更轻松。他们班选班干部的主要方式是自由竞选，想要竞选职位的学生准备好竞选宣言、写好理由，再由其余学生举手表决。

但也不是说班主任就完全不干预，在学生举手表决之前，老师会针对学生的发言情况进行总结，发表自己的看法，有时会给予暗示，对学生的选择起了一定的导向作用。当然，暗示不是处处给、随意给，而是在竞选特定的几个职位的时候，老师才会给暗示。

在王老师看来，班长、纪律委员、卫生委员、文娱委员这几个班干部十分重要，务必要挑好人选。班长不用说了，一班之长，一定要能以身作则，起到榜样示范作用；纪律委员也很重要，他要让其他人都服他，这样就可以帮助班主任管好班级纪律；卫生委员看起来不起眼，但是这个职位对学生来讲是个诱饵，班主任以此为饵，鼓励学生在打扫卫生时帮助别人；而文娱委员的作用则表现在组织班级活动上，如果他们表现出色，班主任就可以放心把任务交给他们，不仅能锻炼他们的能力，也能减少班主任的负担。

讨论　你觉得王老师的经验怎么样？你有什么选班干部的好办法吗？

二、选拔班干部的方法[②]

（一）指定班干部制

指定班干部制是传统班级管理中常采取的班干部选拔形式。班干部不是由

① 王道俊、王汉澜主编:《教育学》，人民教育出版社 1999 年版，第 525 页。

② 参见戚克敏:《小学自主管理式班干部选拔使用制度研究》，硕士学位论文，东北师范大学，2004 年。

选举或者竞选产生，而是由班主任直接指定产生。班干部的数量一般不多，多由班委会成员和队干部等少数人组成。班干部一经产生，一般不会出现大的变动，班主任仅在偶尔情况下对个别班干部进行调整。班干部的基本工作主要由班主任确定，无论是计划的制订，还是计划的具体实施，完全处于班主任的控制之下，班干部主要是按照班主任的要求被动地执行有关规定，很少体现学生的个人主观能动性。

（二）轮流担任班干部制

轮流担任班干部制是目前国内教育改革者在改革班干部制度时采用较多的形式。一般是在保留原有班干部系统的基础上，通过实行班主任助理、班级小秘书、值日小班长、常务班长、双套班子轮换、多套班子轮换、一事一长、轮流担任班干部等形式，适当增加班干部的名额和编制，扩大班干部的数量，让更多的学生有当班干部的体验，更多地拥有为同学服务的机会。其指导思想是取消班干部“终身”制，使更多的学生都有得到锻炼的机会。目前，主要有以下几种类型的轮流担任班干部制。

1. 班干部轮换制

这是一种较为流行的班干部制度。班干部的产生主要是通过抓阄、抽签、依次轮换、民主选举、老师推选、小队轮换、值日班长等形式产生。其轮换并不是传统意义上的周而复始，而是将班干部的选拔引入竞争机制、聘用机制、更换机制等，实现班干部流动。后一轮替换前一轮，依次顺延，直至每一位学生在一学期内都能轮到班委会及中、小队干部的岗位。班内所有事务都由该届班干部自己思考、自己策划、自己组织、自己解决、自己评价，教师只起因势利导作用，决不包办代替。是非曲直、质量高低、效果好坏，均由学生自己评说。学生在某一班干部职位上任期长短是灵活可变的。

2. 双班长制

这种制度是由学生自荐，全体学生民主评议选出两个班长，再以被选的两个班长为“龙头”，分别组建两套班委会，然后以月为单位，每套班委会“轮流上岗”管理班级。

3. 班干部全员轮流制

这种班干部选拔制度是针对一般的班干部制度中班干部范围小、名额少、轮换周期长，人人都想当班干部的现状而提出的。扩大班干部队伍，降低班干部的任职条件，缩短轮换周期，让学生都有机会当上班干部，有助于在实际工作中培养和锻炼学生的能力。一般是根据本班的人数和实际，将全体学生平均分成若干组，组员分别担任班长、副班长、学习委员、文娱委员、体育委员和劳动委员等，每隔一定周期更换一批班干部，定期召开班干部会议，组织班队活动。

（三）竞选制

为提高班干部选拔使用中的民主性和科学性，部分学校将竞选制引入班干部选拔使用之中。这种制度在选拔班干部时，一般先公布班干部的职位、任职条件、工作职责等，学生进行自我推荐。参加竞选的同学上台演说，台下同学提问，竞选人回答。然后学生讨论、民主投票，选举产生出合适的班干部。竞选演说有助于展示学生的能力，使更多的学生更全面地了解同学，从而选拔出更合适的人担任班干部。竞选可以充分调动学生全员参与班级管理，增强班集体的向心力，有利于学生形成良好的个性品质。

三、班干部的培养[①]

（一）信任班干部

班主任要激发班干部的工作热情，帮助他们在同学中树立威信。班干部只有得到班主任和学生的信赖与支持才能顺利地开展工作。班主任要相信学生干部的能力，并全力支持他们的工作，敢于放手，使他们真正成为班级活动的组织者和领导者。在日常的班级管理中，班主任要放心、放手、放权给班干部，但要注意“导而勿牵”，既大胆放手，尽量让班干部独立工作，又不能放任自流。平时经常鼓励学生干部大胆工作，班里有什么事就找他们商量，询问他们有什么好的意见和建议。班干部看到班主任真正相信和依靠他们，就敢于大胆

① 陶海林主编：《班主任管理班级的智慧与技巧》，东北师范大学出版社 2010 年版，第 209 页。

发表自己的意见。久而久之，他们就会将建设好班集体当成自己的责任。如果班干部工作中出现了偏差，班主任千万不能操之过急，要在商讨中帮他们提高认识，以保护他们工作的积极性。

（二）激发班干部的责任感和荣誉感

班主任要让班干部明白，当班干部是提高自己能力与素质的难得机会，不仅可以培养组织能力、管理能力、社交能力、语言表达能力等，还可以培养关心集体、关心他人、乐于奉献、积极进取等优良的思想品质。另外，班主任还要让班干部感受到当班干部是一种荣誉，更是一种责任，被选为班干部是老师与同学肯定和信任的结果，不要辜负期待。

◈ 案例分享

有一个女生A比较受老师信赖，担任着小组长、纪律委员以及其他一些管理职务，平时表现还算不错，金老师也经常表扬她，因此我也挺欣赏她。

有一次，我带着他们去听讲座，以小组为单位入座，我坐在A的小组旁边，目睹了让我有些惊讶的场面。孩子们都喜欢靠后面的高一点的位置，作为小组长，她做出了位置安排，由于语气强硬，被安排在前面的女生B有意见："我也想坐后面。"A非常强硬地说："不行。""那为什么他（指一个男生）可以和你坐后面，我才是你同桌。"女生B有些委屈。A脱口而出："是我叫他坐后面的！"B不依不饶："那为什么每次都是你们俩坐后面，我为什么不行？"A把眼一横："你是小组长还是我是小组长？"B瞬间泄了气。这段对话让我大吃一惊。这是一个在老师眼里品学兼优的好孩子，备受老师信赖，她得到了很多权利以及赞美。

我悄悄地做了调查，私下问同学们A管理得好不好，答案基本都是她做得不好。大部分孩子告诉我她作为班干部做事不公平。她把自己的权利用在了不该用的地方。

讨论 如果你是班主任，你知道了这件事情，会和小A谈些什么？

（三）树立班干部的威信

班主任要让班干部明白自身的威信是建立在他们的工作态度、工作方法和综合素质基础之上的。班主任应帮助他们在班内树立威信，从而进一步激发他们的热情，促使他们更好地工作。那么怎样树立威信呢？一是做人要正直，要关心集体，做同学们的表率。二是提高成绩，这对学习委员和各科课代表尤其适用。他们的威信一定要建立在优良的学习成绩基础上。三是展示他们的长处。对于班干部的长处给予积极肯定，可以帮助班干部树立信心，从而大胆积极地工作，进一步提高其工作热情。对于班干部工作中的小失误不可求全责备，对他们取得的成绩应及时给予充分肯定，逐步树立他们在班集体中的威信，鼓励他们更好地学习和工作，激发他们加强班级管理的主观能动性和创造性。

（四）给班干部充分的锻炼机会

班主任要尽量创造条件，帮助班干部在工作实践中接受锻炼，在锻炼中不断提高工作能力和管理水平。如经常组织他们分析班级情况，讨论制定班级管理措施，研究解决班集体中出现的各种矛盾等，以此提升班干部分析问题、解决问题的能力。对班干部的工作职责和范围，既要让他们明确各自的任务目标，又要树立团结协作的思想。

◇ **案例分享**

日本小学里没有班干部

在日本的小学里，没有“好同学”“差同学”这一说，也没有班干部，人人都很平等。老师对所有同学一视同仁，而且大家也都觉得自己与别人没有两样。

一个班里没有班干部，那么班级里的所有事务莫不是都得由老师来管、来做？不是的。虽然班里没有一个班干部，可每个人都有一份自己的职责，所以准确地来说，人人都是班干部！

首先说值日。班上每天都有一个值日班长，每节课开始之前，值日班长负责喊起立，大声道："请向老师致礼。"然后全班同学齐声说："老师好！"每堂课下课时，还有一次致谢礼。这就是值日班长的主要工作。这个值日班长是每天按座位依次轮换的，所以每名学生在一个学期里都会轮到几次。当然，这里面有大胆的，声音很响亮；有腼腆的，声音很细小。但这些都无妨，关键是让每个同学都感受一下做"班长"的感觉，并体验一种责任感。

接下来是小组长。中午吃饭的时候，前后五张小课桌拼起来就是一个大餐桌，围在一起吃饭的五个人便成了一个小组。小组的组长也是大家轮流当，每当班级的活动需要以小组的形式参与的时候，小组长就必须负起责任来。

学校没有餐厅，每天的午餐是在各自的教室里吃的，而用餐时的服务也由孩子们自己轮流来承担。中午下课之后，用餐值日小组的同学便穿戴好专用的厨师衣帽和自己的口罩，来到走廊里的一个指定位置，厨房工作人员已经将烧好的饭菜和餐具放在那里了。将东西搬进教室后，他们各司其职，开始分配，盛菜的盛菜、盛汤的盛汤、发牛奶的发牛奶……其他同学则排队领取食物。吃完后如果觉得不够自己可以去添，但余份不会太多，只要不是碰到孩子们特别喜欢的饭菜（如咖喱饭之类），一般来说都是恰到好处。这个用餐值日要持续一个星期。到了周末，他们必须将用了一周的"厨师服"拿回家洗干净，周一带回学校交给下一个小组的同学。

上面的这些还不是最重要的工作。每当学期开始，班级里要开一个大家都很关心的班会——分配每个人的职责。班上需要做的事情很多、很琐碎，所以职责会分得很细，这样也保证了班上三十多名同学每人都有事情做。我儿子在小学四年多，就曾经做过"鞋箱清扫员"、"宅急便员"（负责给老师传递东西）、"体育员"、"门窗、电视、电灯员"（负责开关门窗、电视及电灯）、"保健员"、"计划员"（班里有活动时负责组织讨论）、"动物、生物员"、"失物管理员"、"小先生员"，等等。这些小"员"的产生，并非老师指定，而是大家毛遂自荐。当老师在黑板上写下各个"职位"后，同学们便争先恐后地投报自己想要担任的"职务"。有的岗位报名的人超标，有的则可能还有缺位。这时候，老师会用一种公平的方法解决这一矛盾——“包剪锤”猜拳。赢了的同学自然庆幸无比，输了的人只能怨自己运气不好，再去找还有空缺的位子。儿子为了当上“保健员”，一直争取了两三个学期才如愿以偿。“保健员”的工作是每天早上必须全班点名，同时询问每个人当天的健康情况；平时如有同学头疼脑热或磕着碰着什么的，保健员就要陪着他一起去保健室。这是一种当小老师的感觉，儿子很认真、很满足地干了一个学期。

每到一个新学期，学生要重新选择一次岗位。所以，每个同学都有机会担当不同的工作，在兴趣、能力得到开发和提高的同时，责任意识也会以一种“润物细无声”的形式在孩子们的心中生下根来。

除了上面的工作之外，学生还要负责打扫卫生。在日本的小学里，进了教学楼就必须换鞋子，穿上统一的轻便白帆布鞋，家长参观教学的时候，也要自带拖鞋。这就要求教室和楼道必须保持清洁，而我在他们的学校里，还从未见到过专职的清洁工，大多数劳动都是学生自己做。每天中午吃完饭后，大家自由活动四十分钟，然后回到教室集体打扫卫生，时间为一刻钟。同学们按照各自的分工，擦窗的擦窗，擦地的擦地，很少有偷懒的。还有，打扫楼梯、清洁维护校园里的责任区等都是大家轮流做的。此外，每一层楼都有一个厕所，孩子们每天还必须轮流清扫厕所。儿子爱玩水，打扫厕所竟成了他喜欢的一件事情。每次打扫的时候，他用皮管接水起劲地冲着，此时，说不定在心里面扮演消防员的角色呢。

六年级的同学是学校里的“大哥哥、大姐姐”，这并不仅仅是一种名义上的称谓，因为他们确实承担着学校大家庭里“长子”的责任。

六年级的同学在完成自己班级工作的同时，还要承担学校的许多责任。“儿童会”就是六年级主管的一个学生组织，五年级的第三学期开始，他们就开始接管这个里面的工作了。“儿童会”下设十几个儿童委员会，分别主持各自的活动，如举办欢迎新生的“迎新会”、教低年级学生唱歌的“歌唱会”、对食堂工作人员表示感恩的“供食感谢会”，等等。除此之外，学校举行大型活动时，六年级的同学还要和父母委员们一起担任工作人员，如接待、管理、维持秩序等。还有校广播室的播音员，图书室的小管理员，动物饲养房里鸡、兔的管理员等都是由六年级学生担任的。当然这些分工的确定，也都是以自愿报名的方式进行。实际上，这种方法最大限度地调动了孩子们的工作热情。

从小学一年级开始，每个人都承担一定的力所能及的工作，直到高年级时肩负起更大的责任。这一切都在无形之中培养了孩子平等的意识、劳动的习惯和责任心。事实上，平等的观念造就了孩子们的主人翁意识；劳动的习惯使得大家把劳动视为一件天经地义的事情；而责任心的养成，则为孩子们未来的认真敬业打下了基础。

（陆浣：《儿子在日本上小学之二　人人都是班干部》，载《教学与管理》2007 年第 7 期。）

第六章　如何制定班规

◇ **案例分享**

我所跟的班级纪律似乎是年级段里比较差的班级。我的师傅金老师也是这个班的班主任，几乎每天进到教室就开始教训学生，管纪律，扣某某同学学分。这天，师傅出去有事，托我管理班级一天。我在中午放学之前给他们立了一个详细的规定：

吃完午饭后，同学们可以自行安排时间休息。

12点5分值日生要开始打扫卫生，并在10分钟内完成，12点15分将由一位班干部检查卫生情况，保证整洁干净，如有扣分，则值日生和班干部共同承担责任。

12点20分全班同学必须都安静下来，坐在位置上开始看书，写作业，各个小组长负责组内纪律，如有一个同学违反纪律，则全组扣一分学分，组长扣两分，由班长进行巡视。如有不听组长劝告的学生，由小组检举，全班作证，单独扣4分。

午饭后，我在12点15分进了一次教室，检查完卫生后，回到办公室，焦急地等到12点20分，再走到教室，这时教室里十分安静。之前每天我的师傅都在训人，奇怪的是这班学生训过就忘。仔细想想，师傅在教育学生的过程中，只是教训，却没有告诉他们应该怎么做。他们只知道金老师看到他们说话就会惩罚他们，所以一有风声立刻安静下来，金老师走了马上又乱了。一个班级应该有一张隐形的网让学生清楚准确地知道规则与制度，告诉学生在什么时候该做什么事。

讨论　如何理解“金老师来了就安静下来，离开就乱了”和“隐形的网”？

一、何谓班规

班规是班级成员共同承诺遵守的行为规范及其评价规定，也有人称之为班级公约或班级守则。

班规是学校制度的一个组成部分。班规是一种规则，属于制度范畴。作为一种规则，它规定了学生行为的准则。班规是对班级成员有指导与约束作用的行为规范。它一般由班主任和学生共同制定，并作为班级管理的手段被普遍采用。班规要求学生遵守共同的办事规程或行动准则。它不仅约束学生的行为，而且也为学生提供可以自由活动的空间。换言之，制度不仅告诉学生不能做什么，同时也告诉学生可以自由地选择去做什么。所以，确定学生行动的界限才是班规的关键所在。

二、制定班规的原则

◈ **案例分享**

限发令

她在半个月内已经被老师赶回家四次了。因为她的头发太长了，不符合标准。老师的标准是：前不遮眉，后不盖耳。可是她头发超过眉毛一厘米多了，后面也盖住耳朵了。她反抗说："我想上学，我的头发得剪成什么样子啊？我剪过很多次了，已经够短了！"但是班主任还是拒绝她进课堂。一气之下，她回家喝农药自杀了，留下遗言：我想上学。这个悲剧发生在 2010 年，女孩刚 13 岁，聪慧好学，成绩优良。

2012 年，14 岁的女生小玥的妈妈收到了老师的短信，要求她周末带女儿去理发。"之前曾两次收到过老师要求孩子理发的短信，我想肯定是必须剪了，就跟孩子说这个周末必须剪。孩子一听，情绪立刻就不对了，坚决地说'不剪'。我说那可不行，老师都来第三条短信催了。"小玥态度十分坚决地对妈妈说："不行。"然后"腾"地就从椅子上站了起来，直奔客厅沙发，拉开窗户只犹豫了一秒钟就跳了下去。在收拾女儿的遗物时，小玥的父亲发现了女儿写的一篇题为《渴望得到尊重》的作文："老师规定，学生必须运动头，但我却不想服从这条规定，因为头发是我最重要的东西。不夸张地说，头发就是我的一切，它胜过一切的人、物，但是老师非让我理发，我奋力抵抗还是不能如愿……怎么办？"

讨论　谈谈你对"限发令"的看法。

制定班规需要遵循以下几个原则。

（一）班规要符合人性

班规不可穷尽学生所有的小错误。班规要保证大多数人在大多数情况下能做到。有些错误，如困乏、开小差、"早恋"（异性的相互欣赏和好感）等是很难通过班规来禁止的。班规应该以学生成长需要为出发点，把儿童看作一个正常的人，活生生的人，有各种需求的人。班规是针对所有班级成员的规定，必须尊重他们的需求，尊重他们的想法、意见。如果一个班规太过于拘束、太过于苛刻，不给学生喘气的机会，容易导致学生对于班规的执行力不从心，使班规流于形式。

（二）班规要符合教育规律

班规本身是有教育意义的，别让学生把不违反班规当成根本目的。过分被动接受规制的孩子往往会缺乏创造性、主动性和探索精神。班规的建立和运行应体现出学生主体、学生立场，而不是管理立场。班规要体现学生的成长规律和学生的成长需要，符合教育规律。班规不能成为一种全面控制机制，否则就违背了教育的本然之义。

◇ **案例分享**

一进教室门，我就被眼前的情景给惊住了。好几位学生趴在座位上哭。原来是体育课上老师让男女生进行接力比赛，最后男生队输了，但有些男生质疑女生耍赖，有人没跑，而女生认为男生在比赛的时候一直给她们喊“漏油”，所以心里也不平。结果就吵了起来，女生气得哭了。正当我准备说话的时候，数学老师朱老师来了，他一进门，就喊道：“上课了！听到铃声没，谁还在吵，靠墙这边的，你，你，还有你们几个，都给我站到教室外面去！”说着，就拎着离他最近那个在说话的男生，把他拖到教室外面，其他几个被点到名字的同学也乖乖地跟了出去。其实被数学老师抓出来的这几位同学，并不都是参与吵架、起争执的同学。那五个女生只是当时正在说话，数学老师为了尽快组织好班级纪律，当场点了他们几个在说话的人。所以，那几个女生心里也是委屈得很，眼泪止不住地流，我走到她们面前，安慰她们不要哭，哭是解决不了问题的。这时，一位平时在我看来乖巧的女生委屈地对我说：“我知道错了，老师，我知道错了。”我心里也不是滋味，但不知该说什么好。这时，旁边另一位女生一脸气愤地说：“我以后如果当领导，一定第一个把朱老师开除了！”话音刚落，朱老师就从2班出来了，他看到我在外面，就说了句：“不用管他们，你进去就好了。”然后又对他们训斥道：“哭什么哭！再哭就一直在外面站着，等下课后来办公室打电话联系你们家长，放学后来我这儿接你们回去。”说完，又回到2班继续上课去了。

讨论 如何理解教师的这种做法？

（三）班规要有一以贯之的核心

这里所说的一以贯之不是内容上的一致，而是班规制定理念上的一致。它强调班集体要前后一致地执行相应的规则。如果不能前后一致地执行规则，学生会被搞糊涂，他们就会开始试探老师的底线，不当行为也会升级，这样就破坏了规则的神圣性，学生会缺少对规则的尊重和敬畏。

（四）班规是细致的

班规要明确倡导什么和禁止什么，防止出现大而空的条款。班规内容尽量要体现出核心规则和常规。核心规则与班级愿景和师生试图创建什么状态的班风相关。班规是学生生活中比较细小的规则，这就决定了班规本身应该具有很强的针对性。班规针对的是学生出现的问题或者潜在的问题，班规不能成为规训。我们需要根据学生发展现状和发展需求，在不断了解学生的基础之上制定班规，运行班规，让学生好的行为习惯继续巩固，不好的行为习惯得到改正。

（五）班规倾向于使用正面表达

尽管班规是规范学生行为的边界，总是与不当行为有密切关系。但是在表述班规时，我们要尽量把负面的信息通过正面的方式表达出来。如不要迟到，表述为请按时到校；不要上课说话，表述为上课认真听讲。因为正面信息可以给人们比较舒服的情绪感受和比较明确的行动指导，因而比负面表达要好一些。

◇ 案例分享

朗朗上口的班规

之一：

1. Listen carefully.
2. Follow directions.
3. Work quietly. Do not disturb others who are working.
4. Respect others.Be kind with your words and actions.
5. Respect school and personal property.
6. Work and play safely.
7. Hands are for helping，not hurting.
8. We care about each other’s feelings.
9. We are responsible for what we say and do.

10. Are problems solved peacefully？

之二：班级针对霸凌的规定

1. 我们不能欺负其他学生。

2. 我们要帮助被欺负的学生，可以报告，或找大人帮忙。

3. 我们要格外努力地让所有的学生都能够参加到活动中来。

4. 他们欺负我，我就不再继续搭理他们。放松，呼吸，忽略这些人。

5. 他们欺负我的行为是不是危险的？如果不是，我为何不“洒脱”一点？

6. 如果是危险的，我需要马上离开，去立刻获得帮助。

之三：班级行为习惯规范

1. 抓住每一天，做最好的自己。

2. 抓住早晨的美好时光，进教室后出声朗读。

3. 别人有好的表现，我们要替他高兴。

4. 学会倾听，尊重别人的发言与想法。

5. 别人问你问题，记得要回答他。

6. 别人掉东西，看到后请弯腰帮他捡起。

7. 与老师、同伴互动，眼睛要看着对方的眼睛。

8. 当认识新朋友时，请努力记住他的名字。

9. 去参观别人的地方，要多赞美。

10. 遇到困难，要乐观从容，享受人生。

11. 午休进出班级，请放轻你的脚步。

12. 自己有好的表现时，少炫耀；输给别人时，少生气。

三、制定班规的程序

在小学阶段，班规的制定是一个需要班主任适度引导和指导的过程，也是学生亲身体验民主制度、体验民主生活的一个重要方面。它可以为学生以后参与社会事务、国家事务提供基础。

班规的制定没有固定的模式，在小学不同年级肯定会略有不同。低年级的班规需要教师较多的引导和讲解。教师需要讲授班规背后的原因和意义，而不是单纯地让低年级学生按照规矩行事。中高年级的班规应允许学生参与讨论、发表意见，有更高的参与度和自由度。

从一般意义上讲，制定班规要从问题出发。在我国的行为规范中，应然性的条款居多。现在我们越来越深刻地认识到，这么多的应然性条款没有有效地解决实际问题，容易成为一纸空文，丧失效用。在班规制定前期，班主任和学生可以罗列一些影响学生日常生活和正常学习的问题，组织班会引导学生进行思考和讨论。找准众多学生不可容忍的影响大家生活学习的行为，作为建立班规的起点。班规的内容就是从大家的意见中筛选、总结而来。这样可以避免条款内容空泛，避免班规被教师当作管理学生的手段、成为约束学生自由的规训，同样也避免出现学生不理解班规的现象。制度应该是动态的。班规不是一成不变的，而要根据学生的新发展、新变化和新问题而改变。

◇ 案例分享

李镇西老师这样制定班规

“昨天我说了，我们班一直缺个东西，就是班规。今天我们就来讨论一下这个问题。我有三个问题要问大家，请大家一定要实话实说！第一个问题：同学们是不是真的想我们班以后成为一个优秀的班集体？”

我话音未落，同学们已经纷纷点头说：“当然想！”

“好！我也和你们一样，希望我们班成为优秀的班集体。但是，我们在建设班集体的过程中，肯定会遇到许多困难，包括我们会犯各种各样的错误，这些都妨碍着我们实现自己的目标，怎么办呢？所以我想问的第二个问题是：你们是不是真的觉得应该制定班规？——这个问题不要急于回答，一定要想想再回答，不要揣摩我的意愿，为了让我高兴而说违心的话。”

同学们还真想了想，然后纷纷说：“应该制定！”

"究竟有多少人同意呢?""有没有不同意的——反对的同学不要有什么顾虑,我最愿意看到同学们能够勇敢地表达自己的真实意愿!"

有两位同学把手举起来。

"好!不同意就不违心地同意。我非常赞赏你们的独立精神!"我表扬了他们。"不过。你们能说说为什么不同意制定班规吗?"

"制定班规让我们受到了束缚,不自由,这会影响我们班的和谐气氛。"

"同学们犯了错误,老师教育就可以了。而且班规是对大家的不信任……"

我问:"刚才举手同意制定班规的同学中,有没有听了这两位同学的观点认为他们说的有道理而改变了主意的,觉得还是不制定班规好?"有四名同学举起了手。

我又问:"同意制定班规的同学,你们怎么看待他们的意见呢?"

"不能说制定班规就不自由,班规是对不守纪律的同学的制约。"

"班规不是束缚我们,而是引导我们怎样做才最好。国有国法,家有家规嘛。"

我插了一句:"你把我们班比作家,非常好。但我要问:这个家谁是家长?"

学生齐声说:"李老师!"也有学生补充:"还有王老师!"

我笑了,但斩钉截铁地说:"大错特错!我们班的每一个成员都是平等的,包括李老师和王老师都是这个集体中平等的一员。我和你们不是父子关系,而是朋友关系。我们一起建设班集体,共同追求我们的理想。你们说我是家长,这里面隐藏着一个观念,认为这个班都靠我了。同学们千万不要把这个班的兴衰都寄托于一个人的身上,无论这个人是李老师还是王老师。我们要把希望寄托于制度,也就是我们即将制定的班规。如果一定要说这个班有家长的话,那么这个家长应该是体现我们集体意志的制度,就是班规。我们不服从于任何人,只服从班规;班规制约着每一个人,包括我!无论我们多么信任人,要知道,从理论上说,人人都会犯错误。那么,根据这一点,我们制定出规章制度就是为了防止大家犯错误。……因此，我认为，制度是必需的，班规也是必需的。”

说了这些，我问那两名同学：“听了刚才同学们的发言和李老师的话，你对制定班规想通了吗？你原来的想法有没有改变？”

“我还是不同意制定班规。”

我说：“不要紧，没有被说服就保留你的看法。但是，”我转身问大家，“这个班规还制定不制定呢？”

“要制定！”

我说：“我们只能少数服从多数。”但我同时补充了一句，“我们也尊重刘陵同学的意见。”我特别大声强调：“民主有两个原则——行动上，少数服从多数；精神上，多数尊重少数……”

最终，我要求每位同学在认真思考的基础上拟出一份班规，再由班干部整理后表决通过。

（李镇西：《做最好的班主任》，漓江出版社 2008 年版，第 76—83 页。）

案例分析　在班规制定过程中，李老师始终强调班集体中的每个人都应积极参与班规的制定。民主的环境允许出现不同的声音，遇到分歧教师也始终秉持求同存异的原则，这促使学生想说、敢说、实话实说。通过让每个学生制定一份班规并集体表决的方式，既保证采纳大多数学生的合理建议，又避免忽视个别学生的真实诉求。教师引导学生一同制定班规，充分激发学生的主体意识和集体意识，能够减少学生的旁观者心态以及教师独断专行的情况出现。由集体拟定的班规，让学生不再对其有陌生感，抵触情绪也随之消减。

四、违反班规的教育策略[①]

为了使班级有序运行，并将混乱时间尽可能地缩短，教师要恰到好处地使用以下策略来应对学生违规问题。

---

① 崔允漷主编：《有效教学》，华东师范大学出版社 2009 年版，第 223 页。

（一）忽略小而且转瞬即逝的问题行为

许多小小的问题行为可以忽略不计，尤其是那些转瞬即逝的行为。例如，学生集体暂时分散了注意力，是因为有个学生“叭”地一声折断了铅笔；两个学生低声交谈，却很快就停止。一般来说，教师对诸如此类的事情，不必做出什么反应，因为干涉可能比问题本身还具有干扰性。

（二）使用非言语线索和细小的停顿

当学生做出违规且无法忽略的行为时，教师可以运用简单的非语言线索来使其行为中止或是转移，无须中断班级正常运行。非语言线索，包括眼神、注视、摇头、脸部表情、走近、接触或打手势等。例如，有两个学生正在交头接耳，教师只需用眼睛看着这两个学生或其中一个就可以了，教师走向行为不良的学生身边也能制止其行为。如果这种策略不起作用，教师还可以把手轻轻地放在学生的肩膀上（但对青少年要慎用这种方式，因为他们可能不喜欢老师的触摸）。这些非言语策略，其优点是不需要打断课堂教学的进程，只针对行为不良学生。相反，言语批评有可能引起涟漪效应，即当有一个学生受到批评时，其他学生也停止了学习活动。讲话时短暂的停顿也很有效。放慢语速、一字一句清晰的讲话、声音更轻柔或有力、简短的停顿、环顾四周，这些动作都可以巧妙地提示学生应该调整自己的行为。

（三）表扬与问题行为相反的正确行为

对许多学生来说，表扬是一种强有力的刺激。研究表明，教师对期望学生出现的行为的赞美次数比我们预期的要少，但违规行为却总能引起教师注意。我们可反其道而行之，从表扬学生的正确行为入手，来减少问题行为。如果学生经常擅自离开座位，那么当他们能够在座位上认真学习时，教师就应当表扬他们。

（四）表扬其他学生

表扬其他学生的良好行为可能使违反课堂纪律的学生表现出类似的行为。

这也要求教师不去直接干涉学生的问题行为。例如，某位同学正在做小动作，教师可以说："我很高兴，看到很多同学都在认真学习，某同学做得不错，某同学注意力很集中……"最后，当那位做小动作的同学也开始学习时，教师应当既往不咎，对良好行为给予表扬："我看见 ×× 在全神贯注地做功课了。"

（五）言语提醒

如果不能使用非言语线索或者间接暗示策略不能奏效，那就得通过简单的言语提醒学生把注意力转移到学习活动上来。当学生表现出问题行为时，教师应马上给予提醒，延迟的提醒通常是无效的。如有可能，应当提醒学生做他应该做的事，而不是追究做错的事。例如，教师说："李红，自己独立做作业。"或者说："李红，别讲话。"相比而言，前一种提醒更可取。与反面提醒相比，正面提醒表达了教师对学生后续行为更为积极的希望。言语提醒也可以与提问结合起来使用。向没有专心听讲的学生提一些他能够回答的问题，可以有效地使他参与到课堂活动中。这表明提问并不是要让学生难堪。

（六）反复提醒

在大多数情况下，上述措施都能够消除一些轻微的问题行为。然而，有时学生故意不按照教师的要求去做，或者向教师辩解、找各种借口等，想以此来试探教师的决心和忍耐力。对这种情形，根据坎特等人提出的"果断纪律"理论，可以这样来破解：教师应当先明确自己要求学生做什么，然后平静坚定地重复要求，使学生去做该做的事情。这样可以避免课堂上经常出现的两种情况：教师要么最终让步，而让学生放任自流；要么控制不住自己的情绪，对学生大声恐吓。当然，假如学生提出的要求是合理的，或者抱怨是正当的，教师就应当给予恰当的处理。

（七）执行结果

当上述所有做法都不能奏效时，还有一招就是执行结果，比如让学生在教室外面站几分钟，剥夺学生的课间休息或某些权利，让学生放学后留下或者请学生家长等。因不服从教师的合理要求而导致的后果，应当具有以下特点：（1）让学生感到些许不愉快，持续时间短，并且尽可能在不符合要求的行为发生之后马上出现。（2）必然性比严厉性更为重要。运用严厉的或者长时间的惩罚容易引发学生的仇视和敌对态度，也未必能坚持到底。轻微但必然的惩罚后果实际上给学生传递这样一个信息："我不能容忍这种行为，但我很关心你，希望你能尽快回到正常的班级活动中来。"（3）教师必须保证惩罚性的后果是可实施的。教师说："你要么马上学习，要么用五分钟的课间休息时间来做作业。"模糊的或空泛的威胁（"马上停止，否则让你吃不了兜着走"）不仅是徒劳的，而且容易引发问题行为。（4）实施惩罚后，教师要尽量避免再提及此事。例如，当学生在教室外罚站十分钟后回到班级时，教师不要有任何的讽刺或歧视，而应予以接纳。这个学生将会珍惜这次新的机会。

（八）使用惩罚的指导原则

教师不是不能使用惩罚，而是要将它用作处理问题的一部分，并且注意方式方法。在此，对使用惩罚的指导原则有必要做进一步说明。

不要滥用——惩罚应当用于屡教不改的严重不良行为。只要可以使用其他方法，就最好别用惩罚。教师应该以专业化的方式承担管理学生行为的责任。

相关——选择在课堂上可能用到的惩罚方式时，要保证它们与要惩罚的行为逻辑上是相关的。例如，一个学生交上来的作业写得很差，合理的做法是应该让他重写，而不应该让他放学后留下或者布置额外的家庭作业。教师用合理的后果保证自己的决定对学生来说不是专制。

慎用——既然惩罚是复杂的、根据情况而定的，教师应该了解问题的情境，知道学生会怎样理解对自己的惩罚。例如，教师实施了某种惩罚，可能学生却并不认为是惩罚。

避免复杂和费时——一些教师实施的干预方法很复杂，即使这些做法是有效的，它们也可能过于复杂而不可行。此外，它们一般不能提供及时的强化，而这对改变学生的行为至关重要。

第七章　如何建设良好的班风

班风又称作班级气氛，它是指在班级所有成员的交往中产生的一种共同的心理倾向。对于班主任而言，树立良好的班风是班级建设的重要目的，也是完成教育任务的重要手段。良好的班风是一种潜移默化的教育力量，能够极大地增强学生的集体荣誉感和责任心，并激励他们积极向上。

一、班风的重要性及其理论依据

班主任要重视培养正确的舆论和良好的班风。只有形成正确的舆论与良好的班风，集体才能识别是非、善恶、美丑，扶正抑邪，发扬集体的优点，抑制不良思想习气的侵蚀，才能使集体具有巨大的教育力量。这两者是一个坚强集体的重要标志。① 我们可以从以下理论中认识班风的重要性。

（一）马卡连柯的集体教育理论②

集体教育理论提出德育工作的基本对象是集体，德育工作的主要方式是集体教育。集体教育理论认为，在集体中、通过集体、为了集体，是集体教育的重要原则。

1. 马卡连柯的平行教育理论和前景教育理论

马卡连柯通过分析儿童集体形成的阶段，提出了平行教育影响原则和前景教育影响原则。平行教育影响原则，是指教师应以集体为教育对象，通过集体并在集体中教育和影响个人。前景教育影响原则是通过经常在集体和集体成员

---

① 王道俊、王汉澜主编:《教育学》，人民教育出版社 1999 年版，第 527 页。

② 柳海民主编:《教育学概论》，北京师范大学出版社 2015 年版，第 266—268 页。

面前呈现“美好的明天”前景，推动集体不断前进。马卡连柯主张要不断给集体提出奋斗目标，激励集体成员为实现目标而努力。为了使前景教育能够有计划、有步骤地进行，他又把前景细分为近景、中景和远景，逐步实施。

◈ **案例分享**

马卡连柯的集体教育

有一天，彼得连柯去工厂晚了。马卡连柯得知后，并没有立刻把他找来申斥一顿，而是采取“平行教育影响”的办法，把彼得连柯所属分队的队长叫了来，对他说：“你的队里有人上工迟到，以后不要再有这样的情形出现了。”可是彼得连柯第二天又迟到了，马卡连柯仍然不找他本人，而是把全分队集合起来，并责备他们说：“你们分队里的彼得连柯第二次迟到了。”事后，全分队的人都来教育彼得连柯，对他说：“你迟到了，就等于说我们全分队都迟到了！”在集体的影响下，彼得连柯很快就克服了迟到的毛病。

（柳海民主编：《教育学概论》，北京师范大学出版社2015年版，第267页。）

案例分析 在案例中，马卡连柯并未将迟到视为彼得连柯的个人问题，而是当作集体问题去教育全体成员。同样，教师在教育学生的过程中，不应让学生感到自己是被教育的对象，这样不仅达不到预期的结果，甚至会适得其反。“平行教育”强调被教育集体和教育个体之间的平行关系以及被教育者的主体性。在第一次教育中，马卡连柯对队长强调“你的队”这一概念，但通过队长教育彼得连柯并未能收到效果。在第二次教育中，马卡连柯将分队集合起来，强调彼得连柯是分队的一员，也让其他人意识到所有小队成员是一个整体，唤起全体成员的集体荣誉感。成员的发展会促进集体的发展，集体的发展又会促进成员的进步。在教育中，不同的学生身上可能有着相同的问题，教师将问题放到班集体中，这不仅增强了学生的集体意识，维护犯错学生的自信自尊，也能在不伤害学生自尊的前提下起到警示作用。

2. 尊重信任与严格要求相结合的原则

集体教育理论提出，要把对学生的尊重信任与严格要求结合起来。只有尊重人、信任人，才能把人教育好。在德育中，两者是合二为一、密切统一的关系。“我的基本教育原则永远是尽量多地要求一个人，也要尽可能多地尊重一个人。说实在的，在我们的辩证法里，这两者是一个东西：对我们不尊重的人，不可能提出很多的要求。当我们对一个人提出了很多要求的时候，在这种要求里也就包含着对个人的尊重，因为我们向他提出了要求，正因为他完成了我们的要求，所以我们才尊重他。”[1]

◈ **案例分享**

尊重信任和严格要求相结合

学生瓦夏因为醉心于踢球，以致忽视了家庭作业。马卡连柯不是找瓦夏本人谈，而是找来了他的好朋友舒拉谈起班上的一些事情，随后很自然地提到瓦夏：“按瓦夏的能力来讲，他可以成为班上的优等生，但是他沉迷于玩足球，结果什么都弄坏了。”接着又感叹道，“难道你朋友的意志就是这样薄弱，不能克制自己？不，绝不会，我相信瓦夏能够抑制住自己的。”随后，马卡连柯就转到了其他的话题上。谈话之后，舒拉立即跑到瓦夏那里，转告谈话内容。从那天起，瓦夏就能坐下来做功课了，在没做好之前，他能一直不离开座位。

（柳海民主编：《教育学概论》，北京师范大学出版社 2015 年版，第 267 页。）

案例分析　马卡连柯将尊重具体化，他认为尊重的基础是相信和热爱孩子。在案例中，马卡连柯肯定了瓦夏的能力，也相信瓦夏能够克制自己，并以尊重为前提，指出瓦夏问题的同时也提出了对他的期望和要求。在整个谈话过程中，马卡连柯通过他人将信任与尊重传递给瓦夏，并将瓦

① 柳海民主编：《教育学概论》，北京师范大学出版社 2015 年版，第 266—268 页。

夏的问题穿插在谈话的中间部分，不作强调。他选择瓦夏的好友作为谈话对象，做出这一选择的前提是要准确预估学生的心理特点以及他们自身的发展情况。马卡连柯的做法不仅能够让瓦夏明白自己的问题，也避免了当面指出时瓦夏自尊心受挫的情况。由此可见，教师在解决问题的过程中，既要向学生提出他们能力所及的要求，也要让学生体会到教师对他们的信任和关心。这一前提便是教师要充分了解学生，也就是马卡连柯提出的尊重的基础——热爱孩子。

（二）社会心理学理论依据

1. 从众理论①

从众行为是一种常见的社会心理现象，应用在教育领域中就需要发挥从众心理的积极作用。比如，一些同学看到别人通过努力，取得了成绩，心里很是羡慕，于是也会仿效，这就是从众心理的影响。因此，当一名学生情绪低落、精神涣散的时候，其他学生的学习方法、学习动力、学习态度和对学习时间的利用，甚至学习环境的选择等，都可以成为他最直接的参照物。

学校里还有一种典型的从众，就是环境从众。由于某些环境的特殊性质（如图书馆和教室），人们在里面一般都能专心致志地学习，看到大家都在那里发奋苦读，你就会身不由己地投入到集体的行列中去。当然，教师也要善于防止从众心理所产生的副作用。例如，学生中网络成瘾、考试作弊等问题，最好能够将问题控制在萌芽状态，不要使之成为其他学生盲从的行为。

2. 社会助长理论②

当做容易的、熟练的工作时，人们的反应正确率较高。他人在场，就会无意中产生竞争意识，兴奋水平就会提高，人们会更加努力工作以获得好的评价。同时，多个人在一起，也减少了单调的感觉和由于孤独造成的心理疲劳，这样工作效率就会提高。学生也会受到社会助长的影响。比如，几个学生在一

① 刘儒德主编：《教育中的心理效应》，华东师范大学出版社 2005 年版，第 254—255 页。

② 刘儒德主编：《教育中的心理效应》，华东师范大学出版社 2005 年版，第 257 页。

起学习，如果一个人不想学了，但是看到其他人还在学习，就会重新安下心来继续学习。

3. 群体去个性化[①]

在身份不明确的群体中，人们更容易失去自我意识、自我监控，更容易做出疯狂的事情。社会心理学家认为，导致去个性化现象的原因有两个：匿名和责任分散。在匿名状态下，个人的一切活动和行为都不被他人所感知，于是自己对自己行为的责任意识也就降低了，认为参加者人人有份，任何一个个体都不必为自己的行为承担责任，从而压力减少，没有内疚感。因此，个体对自己的行为就会失去控制，做出异常的行为。

学生也同样如此。到该交作业的时间了，有的学生看到其他学生不交作业，自己的作业虽然没有写完，心里也很坦然，理由就是："又不是我一个人没有交！"如果全班只有他一个人作业没有写完，他心里肯定会焦急如焚，手忙脚乱地赶作业。如果不安排值日生，教室里就没有人擦黑板；如果不仅安排了值日生，而且每天把值日生的名字写在黑板上，情况就会完全不同。

作为一种宽容的艺术，在课堂上教师可以用"去个性化"处理学生的问题行为，感化学生。例如，在一节晚自习课上，一个教室里面吵吵闹闹不能平静下来，原来，同学们都在指责小路，说她偷了同学的钢笔。"老师，是小路偷的！我看到他把那只钢笔藏了起来！"在同学们愤怒的指责声中，小路深深地低下了头，没有争辩。这时只见老师微笑着说："我们来做一个游戏，先把灯关掉，我打赌两分钟后钢笔会自动出现在讲台上，你们信不信？""真的？"学生半信半疑。"我们试一试。"顿时，教室里一片漆黑。同学们小声数着数，时间一秒一秒过去，"时间到了！开灯！"果然，一只漂亮的钢笔出现在讲桌上。教师用智慧的方法帮助小路逃过一"劫"，更重要的是保护了他幼小的心灵。

教师甚至可以创造匿名情境，使学生在没有压力的情况下向教师敞开心扉，说出更多的知心话。比如，教师意见箱、教师电子邮箱、网上互动平台等都是学生和教师心灵沟通的桥梁。

① 刘儒德主编：《教育中的心理效应》，华东师范大学出版社 2005 年版，第 262—266 页。

二、班风的建设

建设良好的班风是班主任管理班级的重要内容之一。班级核心文化是什么？这是班主任建设班风之前必须思考的问题。每一位班主任都要思考：我的班级与别的班级有何不同？这个问题的答案集中体现在班级核心文化之中。不同的班级有不同的文化气质和独特的价值观。

◇ 案例分享

（一）

卡恩的智力有些问题，每次语文考试都交白卷，连最简单的看拼音写词语都不会做。卡恩现在的情况已经比以前好了很多。之前他总会做许多怪异的举动，比如跪在地上用舌头舔地砖、在课堂上大喊大叫、随意地离开位置等。现在卡恩能够安静地坐在自己的座位上，不去打扰其他同学。为什么卡恩会有这么大的改变呢？在一节课上我找到了一些答案。那是一节由学生自己策划并主持的班队活动课，主题是“孝”。课上有一个环节是询问同学们：“你知道爸爸妈妈的爱好是什么吗？”卡恩积极地举起了手，主持的同学叫了他，卡恩回答：“我的妈妈41岁了，她跟我说……”他断断续续地说着，却答非所问，说话的内容也没有逻辑。这时，有女生小声提醒他：“卡恩，说你爸爸妈妈喜欢干什么。”其他女生也开始引导他：“卡恩，你爸爸妈妈的爱好是什么？”终于，在同学们的帮助下，卡恩分享了他爸爸妈妈的爱好，非常高兴地坐下了。老师在总结时特别表扬了卡恩，说他能够在妈妈生病时主动帮妈妈做饭，真是个善良、有孝心的好孩子！听了老师的表扬，卡恩脸上洋溢着开心满足的笑容。所谓言传身教，就是指教师的一言一行都会被孩子模仿。我想，正是老师平等地对待卡恩，没有因为他智力低下、做出怪异举止就对他恶语相向或是不闻不问，而是耐心地鼓励引导他，细心地发现他身上的闪光点，使同学们也耳濡目染地去关爱卡恩、帮助卡恩，在班级中形成了团结友爱的氛围。

（二）

有个男生性格比较羞怯胆小，问他事情，回答总是寥寥数语。一天写字课开始，班主任像往常一样逐个指导学生，到了这个男生旁，发现他今天居然认真地临写习字册上的字，而且前几个还写得挺好的，就夸了他一句："这几个字写得不错，再练练'捺'这一笔，你可以写得更好。"然后在他的本子上示范了"捺"这一笔怎么写好。第二天的作业整理课上，班主任陈老师当着全班学生的面，说了这样一段话："昨天写字课上，教室里纪律不错，同学们都在很认真地写字，特别是有一位同学写得特别好，进步特别大，老师在他干净而又整洁的本子上贴了一个大大的笑脸，因为他让我看到了他的认真和努力。我很高兴，这是我在朝他微笑呢。"此时，我发现这位男生的小脸上洋溢着笑容，不好意思地低下了头。下课后，同学们的"火眼金睛"发现了他这本藏着笑脸的习字册，都凑过来看。许多同学投来了羡慕的目光。所以说，老师要有一双敏锐的眼睛，有一颗敏感的心灵，注意时时刻刻、细心观察学生的每一个细微之处，抓住每一个细节，对学生获得的成功和进步应给予真诚的肯定与赞扬，帮助学生培养良好的行为习惯，形成一种积极向上的班级氛围。

（三）

一个特殊孩子有小儿抽动症，有时候坐在座位上腿会控制不住抽动容易踢到别人，会控制不住地转头，上课的时候还会发出怪异的叫声，说话时因为说得太快而口齿不清。但是我发现这个班级的孩子并没有因为他行为有些奇怪而排挤他。课上，老师让孩子们同桌间交流自己的想法，那个孩子是一个人一桌的，老师就跟他一起做交流，让他在第一个在课上发言，发言结束之后让全班所有的孩子拍手鼓励他。当他回答问题比较慢的时候，老师会提醒其他同学耐心等他说完。其实那个时候我们还不知道他有这样的病，只是觉得这个孩子可能有点特殊。老师说特殊孩子是不能放弃的，如果你作为老师都放弃他了，其他同学也会放弃他。一个和睦、友好的班级离不开班主任以及任课老师投入的爱心，对特殊孩子需要投入更多的爱心、耐心，让其他的孩子们看到他们的每个同伴都是可爱的，这样才能形成一个和睦的班集体。除此之外，在孩子们犯错误时，我从来没有看到过他们班主任大声呵斥着批评，很多时候会让犯错的孩子冷静下来，让他们自己先想想自己的问题，再跟老师反省。比起老师直接说他哪里不对，这样的方式可能更能让孩子认识到自己的问题、更容易改正。

讨论　阅读上述案例，想一想建设良好班风的关键因素有哪些。

（一）构建班级核心文化

班级核心文化是班主任建设班风时必须思考的命题。不同的班级文化体现出班主任个人和班级学生不同的价值选择。一般意义上而言，班级核心价值观需要体现两个特点：一是普适价值。它要求班级文化应该符合社会价值，符合教育规律和学生身心发展的规律，是积极向上的，传递着正向的价值观。这是所有班级核心文化必须满足的基本要求。二是特殊价值。在满足普适价值的基础上，班级的核心文化与班主任和班级学生的价值观有关。它集中地反映在班主任的学生观上，即“我要培养什么样的学生？”对这个问题的不同回答将造就具有不同特质的学生，并形成不同的班级风气。对小学生而言，班主任个人的价值倾向的作用非常重要。

具体而言，建设班级核心文化的措施主要有以下几点：

1. 发展班主任的表率作用

班主任在小学班级文化建设中的表率作用主要表现为班主任具有建设班级核心文化的天然优势。班主任长期陪伴学生的成长，对学生个体和班级整体有较为全面和深入的了解。这种长期培养和深入了解有利于班主任发挥主导作用，引领班级核心文化的建设。同时，大多数班主任有自己的教育理想和教育理念，他们将这些内容融入班级管理之中，成为班级文化的内核。

2. 发挥舆论阵地的宣传作用

班级文化的建立需要借助一些宣传平台。班主任要善于利用教室文化墙、黑板报、宣传栏、班刊以及主题班会课等方式传递班级文化，让学生通过各种途径了解和认同班级的文化，只有被学生认同的文化才能发挥教育的作用。

3. 发挥身边榜样的作用

班主任在建设班级文化时要适时地发掘班级中优秀学生的事迹，以案例和故事的形式启发和触动其他学生。这种身边的榜样往往引起学生的共鸣和模仿，从而构塑学生的正确观念和良好行为。

◈ 案例分享

培养有爱的学生

我想做一个用心的班主任，用心对待每一个学生，用心处理每一件事，用心做好自己的本职工作，用心去陪伴每一个孩子。

至于培养什么样的学生，我想培养的是有爱的学生，积极向上、充满正能量的学生。我希望我的学生能够热爱自然、热爱生活、热爱同学、热爱父母、热爱老师，热爱这世间的每一样事物。

我曾经遇到过一个姐姐，她让我每天写一篇主题为“我怎么如此幸运”的日记。在那一年中，因为面对事情的心态变化了，我觉得生活充满了幸福和希望。所以，我也希望我的学生无论遇到什么事情，都能明白世界上的一切都是天赐的大礼包，都应该用良好的心态面对生活。我希望他们努力做一个快乐的人，做一个懂得体会幸福的人，做一个好人，而不是每天抱怨生活的人。我希望他们能永远心存善念，热爱一切。

（二）班级核心文化之班徽的设计

一个充满阳光、具有凝聚力的班集体一般都具有鲜明的班级特征，这种特征即浓厚的班级文化氛围。在班级文化建设中，班徽既是班级文化成熟的外在表征，又能引领学生感悟生命真谛。我们应该将符合学生诉求的教育意图贯穿于班徽的创设过程之中，这会对学生的健康成长、和谐发展产生潜移默化、意义深远的影响。班徽的创设应该与班级文化个性相结合，与年级特点相结合。班徽的创设过程要体现学生主体性与教师的教育性指导相结合的原则，让班徽的创设过程成为和谐德育的有效途径。[①]

◈ **案例分享**

宁波市鄞州区第二实验小学 201 班班徽设计

我所在的学校是宁波市鄞州区第二实验小学。班徽设计是给 201 班的孩子们做的。左图是它们原本的班徽，是使用电脑设计的，其实也很好看，但是我觉得古板了一点，特别是下面的手，跟环保组织很相似。所以我取了其中我认为不错的部分，重新组织了一下，设计了右图的班徽。

班级的中队名称是飞翔中队，班级成员是小书鸥，寄托了班主任（也是语文老师）希望孩子们多读书，成长，最后翱翔于蓝天的美好寓意。结合这个班级核心价值观，我设计的班徽意义如下：

1. 翻开的书

从形象上来说翻开的书本和海鸥是相似的，那么这本翻开的书就代表着班主任对他们的学习和阅读的美好期望，其实也可以代表我们在小学学习中所有的知识和阅历。“书中自有黄金屋”，现在的小学非常注重阅读，经常也会有“千人共读”这样的活动，即使是数学，读题能力也是很重要的，所以这本翻开的书必不可少。

---

① 付百红、邓婵、胡惠明、陈仕星：《班徽班训在和谐班级建设中的作用》，载《卫生职业教育》2010 年第 1 期。

2. 外圈的文字

班徽中本来就有学校名称这个部分，我觉得也是可以保留的，孩子们入学的时候学校还没有从江东区并入鄞州区，所以用的是江东第二实验小学。看到班徽其实也不仅仅能了解这个班级，也代表着我们 201 班是学校的重要一部分。

3. 书鸥

小书鸥从书本上脱离出来，意味着孩子们通过自己的努力学习，收获书中的养分，成长为不惧风浪的小书鸥，从而能真正地在蓝天翱翔。

4. “2015”

班级总是会改变的，从 101 到 601，所以写 201 班并没有意义，真正有意义的是他们正式成为小学生的那一年。

5. “Knowledge is power”

设计完右上角还有一块空白处，所以我把书本上的这句简短格言搬下来了。有一句格言作为全班共同的引导，有利于班风的形成。

（宁波大学黄润秋供稿。）

第八章　如何布置教室

教室作为小学生一天中学习时间最长的场所，是教师与学生进行交流沟通的绝佳阵地。优美的教室物理环境不仅能够帮助小学生培养正确的审美观念和高尚的情操，还能为小学生的学习和生活带来乐趣，同时也能增强班级的集体荣誉感。教室是班级文化的主要窗口，既是学生学习知识的重要场所，也是学校育人的主要阵地。因此，营造一个温馨和谐的教室环境，能起到“润物细无声”的效果。①

一、教室环境布置的意义与重要性②

教室环境对学生的发展有着十分重要的意义。单就物理层面而言，一种环境的存在，诸如颜色、内容、光线、物理摆设、各种装饰等，都会对个体的发展产生或显性或隐性的影响。而且，由于不同的学习者有着不一样的学习风格、学习动机、学习兴趣，他们对环境的布置也有不一样的需求。任何年龄阶段的学习者都存在对“教育环境设计”的诉求。教室环境作为一种真实的存在，实际上是在“默默地说话”“默默地育人”。环境与人之间存在着持续的互动，包括两种不同的指向：一是环境指向学习者，环境所承载的物理或人文价值对个体有着潜在的教育影响；二是学习者指向环境，学习者本身是环境的重要组成部分，他主动参与环境设计的过程，既是对环境的丰富，也是一个自我教育的过程。这些互动将给不同的个体留下不同的体验，因此我们要让教室环境成为“主动说话”“说有意义的话”的地方。

---

① 谢翌、徐锦莉：《教室环境：一种被忽视的课程——课程开发视野中的教室环境布置》，载《教育理论与实践》2008 年第 11 期。

② 同上。

好的教室环境可以用作“学校文化墙”，用以表达学校的办学追求和教师的价值取向。它们一直在无声地教育学生。教室环境表达着学校的愿景或教师的信念，从而影响着教师的教学行为和学生的学习追求。如果教室墙壁上贴满了学生的考试分数排名表，这无疑在引导一种教育竞争文化，表达着学校和教师对考试成功的期待。教室环境在某种程度上表征着学校和教师的生活与职业追求，因而也是学校课程文化的价值追求的表达，对个体成长具有重要影响。

二、教室环境布置的原则①

（一）理念上，要将教室还给学生

教室是为学生而设，学生是教室的主人。教育必须立足于学生的生活，关照学生的生活，致力于完整人的发展。小学教室物理环境不仅仅是学生接受教育的重要场所，还是学生生活的场所。小学教室物理环境的布置在关照学校要求的同时，也要关照学生的需要。比如，可以在图书角铺上一块榻榻米，以供学生有地方专门看书；或者在学生的课桌椅上覆盖一层漂亮的桌布，使得课桌椅的边角不再那么尖锐，也就不容易让学生磕磕碰碰。这些看似微小的细节却让整个教室物理环境充满了舒适感。除此以外，还可以将每个教室打造成不同的风格，如书香型、花园型、卡通型、科技型、复古型、童话型、简约型等。这样不仅让学生成为教室的主人，参与设计教室物理环境，还能很好地体现出每个班级不同的特色。

班主任应将教室物理环境布置的具体工作交给学生，由学生自主来完成。比如说，什么时候开展教室物理环境布置这项活动，活动是分小组分期布置，还是每次都全班同学参与，每个成员在活动中承担什么样的角色，这些问题都可以由学生讨论决定。同时，班主任应让学生大胆地发挥想象，让学生勇敢地去尝试。将教室的空间还给学生，学生成为教室的主人，那么学生

① 参见杨丹:《小学教室物理环境布置研究》，硕士学位论文，福建师范大学，2016年。

认真辛苦布置的教室物理环境便会得到较好的保护，而且不需要花费教师的时间。

（二）行动上，要兼顾小学生教室生活的需求与情趣

秉承把教室还给学生的理念，小学教室物理环境的布置在行动上要兼顾小学生教室生活的需求和情趣。教室除了是小学生学习的地方，更是小学生生活的地方，是他们每天待的时间最长的地方。每天在教室生活得舒不舒服便是小学生对教室物理环境的最直接感受。小学生希望能在教室物理环境中健康、舒适、便利、温馨地生活。因此，教室物理环境布置应以小学生对教室生活的需求为中心。除此以外，小学生教室生活的情趣同样重要。这不仅可以让小学生快乐地学习，还有益于其身心良好地发展。具体来说，在教室的硬环境方面，教室的窗户是光线的重要来源。学校和教师可以为教室配备窗帘，以调节室内光线，以便学生更好地看清黑板与多媒体屏幕。对于噪声的控制，学校可根据实际情况引进隔音设施或更换新的隔音材料，以确保学生在教室中免除噪声干扰。教室的空气质量与流通是小学生健康呼吸的保证。教室空间偏小、学生人数过多、人口密度大、空气流通不畅，所以要重视教室的通风。在学生教室生活的用具方面，学校可以为小学生教室配置储物柜等。只有当墙壁属于学生的时候，墙壁才会说学生想说的话。学生可以决定墙上应该有些什么东西，也许是班级日常生活的照片，也许是记录教室生活点滴的回忆，也许是挂满学生自己喜爱的装饰品、名人海报等，这些都充满着学生对教室和班级满满的爱意。当学生拥有了教室，教室物理环境的布置就会在不经意间闪现出创意点，整个教室物理环境的布置就充满了活力、新意和情意。

◇ 案例分享

美国小学教室布置的特点

1. 在美国简朴的教室里，有着并不简易的教室布置。教室的装饰内容体现了不同年龄段身心发展的特点和需求，体现了不同老师的风格。低年

级教室里色彩明丽，充满童趣，卡通图片、地毯、教室的挂件都充满了童趣，让人身心愉悦。高年级则素雅大方，更具知识性，墙上挂着学生的作品、海报等。笔者进入一个一年级的教室，印象最深刻的是那个老师在教室里放了一个沙滩椅，一把大阳伞，把教室装饰成海滩的样子，大阳伞下的地毯上放着很多毛绒玩具，看起来很休闲，很舒适。

2. 教室里的设备先进，通讯方便。每个教室里都配有教师专用电脑，投影仪等，电脑直接连着学校的打印机，教师随时接收学校的信息，免费打印、复印所需要的文件和资料。E-mail 是最主要的沟通方式，只要哪位老师需要什么帮助，一个 E-mail 群发，全校老师都会帮助。

3. 教室内的桌椅摆放形式和设施体现了美国以学生为中心，师生平等的教育理念。

首先，美国的教室主要有 5 种座位安排形式，分别是群组式、成排式、半环式、成对式和中心式。其中群组式和半环式是美国的学校里最常见到的座次安排的形式。学生的桌椅四人一组，便于学生面对面的交流，有利于培养学生的小组合作和探究学习能力。每个小组之间有足够的空间便于学生来回走动，美国的课堂很少有学生整节课中规中矩地坐在座位上的情况，经常有小组讨论和小组活动，课堂气氛自由、活跃。半环式座次安排便于师生之间很好的交流，老师可以走到每一个学生的面前与学生进行面对面的交流，每一个学生也都很清楚地看到老师的活动。教室里没有高高在上的讲台，老师可以坐在椅子上与学生进行平等的交流、授课。

其次，教师的办公地点就在教室里，便于老师和学生及时沟通，全面了解学生。美国老师没有像国内那样的专门的教师办公室，下课就回办公室，和学生的接触仅限于课堂上。美国老师的所有办公活动都在教室进行。由于美国的小学每个班实行班主任制，即一个老师负责整个班的教学和生活。一个教师可能会带整个班的除计算机、外语（中文）、体育等被称作特殊课以外的像数学、语言、写作、阅读、科学等所有课。老师的办公桌设在教室的一角，备课、改作业等都在教室进行，因此可以随时随地与学生进行全面深入的交流。

4. 教室空间的利用体现了美国注重学生动手能力、阅读能力和发挥学生主观能动性的特点。通常教室的四个角分别会用来作为卫生区、阅读区、游戏区和班主任办公区。阅读区和游戏区充分体现了符合学生好动的特点。每个教室会有一张地毯，地毯旁边是一个摆满了各种图书的书架，书架上的书很多是一些组织捐赠的，也有老师自己买的。老师布置的任务，如果很快完成了，就可以自己去书架上找自己感兴趣的书，坐在地毯上阅读，提高学生的阅读能力，充分发挥学生的自主能动性。同时，老师也会经常变换课堂授课形式，一会儿坐在地毯上上阅读课，一会儿在座位上进行讨论，还可以把学生带到楼道里上数学课等，授课形式丰富多样，符合学生好动的特点。教室后面的一块黑板贴着各种各样的图片和教学内容，便于学生随时对所学的知识进行巩固和复习，同时留出一片区域呈现班级每月学生的生日日期，体现了关爱每个学生、重视每个学生的教育情怀。

（熊国芳：《美国小学教室布置对我国教育理念的启示》，载《佳木斯教育学院学报》2014 年第 5 期。）

三、教室环境布置的方法与案例参考

如何合理地布置教室，提高教室的应用价值，给教学创造一个良好的外在客观环境，是教学管理中的一个重要问题，也是班主任的重要工作之一。教室的布置是一门综合的艺术，它牵涉多个学科，诸如美学、心理学、教育学等。教室布置主要应从以下四个方面来考虑。[①]

① 吴国宝：《教室的布置艺术》，载《教育科学》1991 年第 3 期。

（一）颜色的选择与光线的处理

光线直接影响学生的视力和眼睛健康，同时也影响教师在教学中对学生视听效果的观察，即教学信息反馈的接收。因此，光线的处理效果与学生的体能以及教学效果有密切的关系。而颜色能在一定程度上影响学生的学习情绪，也影响师生在教学中的情感交流活动，影响教学中师生的人际关系。自然适度的光线和搭配适宜的颜色将有利于师生生理和心理的健康，促进师生心理相融、加深他们的情感交流，给“教”与“学”创造一个良好环境。

1. 光线

太强的光线对眼睛有刺激作用，易引起眼睛的疲劳，不利于眼睛的健康；而过弱的光线则不利于学生的学习，也易导致眼睛产生疾病。因此，适度、均匀、柔和的光线是学生眼睛健康的保证。

2. 颜色

颜色与光线是密切联系的，比如浅色调能加强反光的作用，给人以轻松、朴素以及光明的感受。而深色却有吸收光线的作用，给人以严肃、浑厚和庄重的感受。因此，如何合理地在教室中搭配各种色彩，不仅能改善教室的光线，而且还能调节师生的情绪活动。怎样选择搭配适宜的颜色呢？

（1）正面墙壁采用白色，中间嵌入黑板，可以突出对比，以便更好地集中学生的视觉，吸引学生对板书的注意。

（2）教室的两个侧壁则可采用浅绿色，这样有利于保护视力，使学生视物时感觉舒适，并能缓解疲劳。

（3）屋顶可用淡米黄色的天花板。

（4）桌椅则可漆成浅灰色，两者的颜色搭配既有增强反光的作用，又可使室内光线变得柔和，以利于保护学生视力。

（5）窗帘的选择可结合装饰美的要求而采用底色为浅色并点缀有鲜艳色彩图案的布料，这样不仅可以满足教室美观的需要，而且又避免了因建筑问题导致太阳光线对教室部分座位的直接照射。同时，浅底色的窗帘还有助于自然光线的透入，改善教室光线。

当然，颜色的设计不是绝对的，究竟采用什么样的颜色搭配更适宜，还要依据学校的特点、专业的性质、学生的年龄特征等而定。

（二）空间的布局与线条的设计

教室整体布置应重视课桌椅线条的排列和教室空间的合理利用。教室的立体布置必须融合共性和个性的特点。桌椅的排列既要注意教室空间的布局，又要避免因座位设置不合理而引起学生在学习过程中的相互影响和相互干扰。因此，在排列桌椅时除了重视整体的美观和线条的整洁外，还应尽量避免座位间不必要的相连，同时给教室的周边让出一定的空间，尽量避免“教学死角”的产生。

“教学死角”是指由于视野范围的局限，使一些座位上的学生处在教师教学视野的中心区之外，导致教师对这一部分学生无意注意程度减弱。一旦造成“教学死角”，就会有一部分学生被教师无意识地“遗忘”了。这比较容易造成师生情感隔阂，影响教学效果。因此，在桌椅排列时应让尽可能多的座位在教师目光注意中心区域内，减少“教学死角”的产生。

（三）教室图书馆的设置

在教室里建立一个小型图书馆有利于进一步发挥教室的教育功能，充分发挥教室的价值。教室不仅是教师传授知识的主要场所，也是学生接受、充实、巩固知识的场所，还是学生课余生活的重要场所。因此，建立小型图书馆不仅可以使学生更加迅速地发现、提出问题以及找到解决问题的方法，使他们能更好地理解和吸收教师传授的知识，同时也可以满足学生的求知欲望，扩大学生的知识面，丰富学生的课余生活，充分发挥教室在教学中“学”的重要性。

教室图书馆的设置主要应考虑两个问题：一是安放的位置，二是资料的选择。教室立体空间的具体情况和教室图书馆的服务范围和性质，决定了教室图书馆只能是小型的，安放的位置可以设置在正面墙壁的角落，当然，也可根据不同教室的具体情况而定。图书资料的选择是建设小型图书馆的关键。书籍、杂志、报纸或其他学习资料的选择，首先必须以学校培养的目标为主要依据，确定选择各种图书资料的类型和内容；其次，应充分了解学生对各类图书资料的需求，由于经费的限制，应做好详细的调查准备工作，给学生提供各类图书资料的目录供学生进行选择，然后再根据调查的结果进行归类选择，必须坚持花最少的钱买最好的书的原则。同时，教室图书馆的设置、管理以及不断的充实完善工作必须以学生为主，班主任、教师应起到帮助、指导作用。

（四）班刊的设计

班刊的设计是教室布置艺术的集中体现。有特色的班刊是一个班级的“标志”，是探讨、学习的“舞台”，更是学生接受宣传、辨别是非的重要“园地”，同时也是教师发现学生的情趣、掌握来自学生的信息、加深教师对学生的了解和理解、缩短师生心理差距的一个重要途径。班刊是学生自己的园地，是学生开展课外活动的重要场所。因此，学生必须是班刊的主人。班刊的形式有墙报、板报和班级刊物三种。

好班刊是学生集体努力的结晶。因此，要充分调动每个学生的积极性，激发学生的参与热情，发挥每个学生的特长，避免几个人“承包”的现象。栏目的设置是班刊建设的重要问题，一个有声有色的班刊，必须能对班级的班风、传统起正面的影响，对学生的学习、能力的提高起积极的帮助作用。因此，栏目的设置必须紧紧围绕班级集体的特点、学生的学习兴趣、学校的培养目标等而设立。同时也可以将班级的特点以及学生集体生活中的宝贵财富加以发展，确立起班级的传统，它以潜移默化的方式对学生的思想、情感态度和价值观念产生着重大的影响。

总之，自从有了教室就有了教室布置的问题。但是关于教室布置还是一个崭新的课题，有待于进一步深入研究。

◇ 案例分享

我希望我的班级是这样的

1. 有一面“成长相册墙”

［**用法**］

（1）记录学生生活中的点点滴滴，而不是摆拍。

（2）把每学期的“成长相册”整理成电子相册给家长。

［**意图**］

（1）让学生对班级产生归属感，一年年积累下来的都是回忆和成长。

（2）帮助害羞内敛的学生更快地融入班集体，让他们变得开朗。

（3）电子相册易储存，又不费钱，每个人都可以拥有。

2. 有一面学生“计划墙”

［**用法**］

（1）经常贴一些小目标或计划，如果做到了，则第二天进行替换。

（2）可以匿名，也可以公开。

［**意图**］

（1）让学生独立起来。这是学生根据自己的情况设计的，一开始可能不太合理，教师可以帮助改正。

（2）我在实习期间发现，很多孩子对于计划是一种很模糊的概念，所以我希望培养学生正确设立目标和独立自主的能力。

3. 有一个“我们的爱”储蓄罐和捐助箱。

［**用法**］

（1）学生可以捐献一些闲置物品，如旧书、旧衣物等。

（2）班级产生的废纸和瓶子之类的可回收的物品卖掉之后的钱，一部分充作班费，一部分捐助。

（3）我会让他们选出管理员，轮换着管理钱和记录每天的“爱心本”。

（4）每个学期末带管理员一起去相关地方进行捐助。

［**意图**］

（1）这个想法是受到了初中班主任的影响，因为当时我们班有一个残疾的女孩子。我们班级有一个小猪储蓄罐，大家可以捐钱在里面，班主任会半个月到她家进行家访，并且将我们的捐款和祝福带给她。下一周和我们讲述她的生活情况。这个活动维持了三年，这其实是一个自发的活动，一个被祝福的活动。

（2）我希望通过这些事情，让学生学会珍惜学习，节约资源，让他们充满爱心。每天捐一点点，节省一点点，可能出现很多意想不到的作用，也可以培养学生的管理能力。

4. 有一面“我想对你说墙”

［**用法**］

（1）可以发泄情绪（蓝色便条），可以写上愿望（红色便条），可以单纯的感慨（绿色）。

（2）可以匿名，可以公开。

［**意图**］

低年级段的孩子有很多话想说，高年级段的孩子可能进入青春期，身为班主任可能没有很多的时间，我希望通过这样的墙壁，帮助他们控制情绪。

5. 有一本“大手牵小手”家校本

［**用法**］

（1）本子上记录每天的作业，家长签字。

（2）教师每天写上评语，可以是对学生的表扬或者期待，家长和学生可以通过本子交流。

［**意图**］

（1）虽然现在有很多的班级群、家长群，很少看到教师对学生和家长的单独谈话。这样一本家校本，可以更深入地了解每一个孩子的情况和每一个家长的情况。

（2）家校本还可以保存起来，等一段时间过去，回头看的时候很有成就感。

（3）家校本也有练字的作用，无论是对教师、学生还是家长而言。

（4）家校本也可以处理孩子和家长的关系，加强他们之间的交流，让学生懂得家长的爱，让家长了解孩子的想法，减少隔阂。

6. 人人都是班级的小能手

［**用法**］

按每一列安排小组长，比如第一个人是语文小组长，第二个是数学小组长。

［**意图**］

让每个孩子都参与进来，让他们觉得自己在班级中是有用的。

（宁波大学朱启文供稿。）

案例分析　教室是学生学习的主要场所，是学生身心健康发展必不可少的空间。一个教室的环境对于学生的影响是潜移默化的。师生应合理地布置教室，提高教室的应用价值，给教学创造一个良好的外在客观环境。

教育布置是一门综合的艺术，师生可以运用美学、心理学和教育学的学科知识，营造一个温馨和谐的教室环境，进而发挥教室的应用价值。案例中“成长相册墙”的设置既有利于让学生对班级产生归属感，又能帮助害羞内敛的学生更快地融入班集体；“我们的爱”储蓄罐和捐助箱的活动让学生学会珍惜学习、节约资源、充满爱心的同时还可以培养学生的管理能力。

合理地布置教室，让这个平凡的物理空间凸显不平凡的教育学意义，使教室这个物理空间充盈精神意义，提升它的育人价值。

第九章　如何开展主题班会活动

主题班会活动是学校开展德育工作的重要载体之一，是班级管理、班级文化建设的重要依托，也是衡量班主任德育工作和教育智慧的重要指标之一。良好的主题班会活动能够有效地帮助班主任实施道德教育、培养良好的班集体。中小学每周都安排时间给班级进行集体活动，并要求至少两周举行一次班会活动。班会是班主任向学生进行思想品德教育的一种有效形式和重要阵地。有计划地组织与开展班会活动是班主任的一项重要任务。①

一、主题班会活动的概念

相对于哲学思辨性的理论术语而言，主题班会活动的概念具有较强的“实践性”和“经验性”。从经验的角度可以将主题班会活动描述为：为实现既定的教育或管理目的，教师（多指班主任）或学生组织开展的围绕相关主题而进行的各项班级活动。从理论上说，所有符合该定义的班级活动都可以称为主题班会活动。但是这个概念在描述何谓主题班会活动之余，并没有概括出主题班会活动的本质。主题班会活动在“既定的目的”上有何特殊性？开展主题班会活动的“班级活动”和其他活动有何差异？主题班会活动所设计的“主题”有无限定？等等。对这些问题的回答将产生对主题班会活动的不同理解，同时也会对主题班会活动的开展产生影响。在实践中，人们倾向于根据“主题”所指向的不同教育目的将主题班会划分为不同的类型，如心理健康教育主题班会、德育主题班会等，其中在中小学最常见、最典型的主题班会是德育主题班会。所谓的德育主题班会，是指教师（多指班主任）或学生围绕某个（某些）主题

---

① 王道俊、王汉澜主编：《教育学》，人民教育出版社 1999 年版，第 536 页。

开展的旨在提高学生道德素养和文明习惯的班级活动。这些活动具有极强的德育价值，是学校德育的重要组成部分。

讨论　有没有让你印象深刻的主题班会活动？它是如何打动你的？

二、主题班会活动的实施

有效开展主题班会活动需要按照以下步骤进行规划和实施。一般而言，主题班会活动包括三个阶段：准备阶段、实施阶段和总结阶段。这三个阶段具体包括以下几个步骤：明确主题、选择内容、设置情境、设计形式、实施活动、总结巩固。

（一）明确主题

主题需要依据班会活动开展的目的而定，目的不同，其主题、内容、组织形式、参与度和效果等都会有所差异。“为什么要召开此次主题班会活动？”是摆在每一个组织者面前的首要问题。对这个问题的回答应当尽可能清晰、明确、集中，因为明确的目的是班会主题鲜明、内容集中、重点突出、逻辑清楚的重要保证。因此，班主任及其他组织者必须明确主题班会活动的召开目的，做到有的放矢。根据不同的目的，确定班会的主题。

在目的的指引下，主题的确立可以考虑以下几个因素[①]：

（1）遵从党的教育方针。班级活动作为学校教育的主要形式，必须全面贯彻党的教育方针，兼顾学生的品德、智能、身体、审美等各方面的健康发展。当前，在基础教育课程改革的背景下，应该特别注重以学生为本，注意创新精神和实践能力的培养。

（2）落实学校的教育计划。班级活动的主体应依据学校的教育计划设计。每学期，学校都会对本学期的工作进行具体部署和要求，班级活动应尽量与学校整体活动安排同步，以便学生在学校整体的活动氛围中获得更多的熏陶，更

① 邓艳红主编：《小学班级管理》，华东师范大学出版社 2010 年版，第 106 页。

深刻地体会活动主题。

（3）与时俱进。班级活动可以围绕社会中的某些重大事件、流行思潮、热点话题确定主题。比如，当我国“神舟七号”载人航天飞船升空时，班级可以组织学生收看电视转播或录像，在观看和讨论中感受祖国的强大和科技的发展。

（4）针对本班学生实际。班级活动应与学生的生活相关联，并能对学生的生活产生积极的影响。在确定活动主题前，班主任应关注学生在关心什么、做什么，了解学生的想法是什么，思考学生应该知道什么、应该做些什么，使班级活动与学生的年龄特征、思想实际相吻合。

（二）选择内容

主题班会活动的开展离不开文字、图片等内容的支持，组织者要围绕主题收集、整理和加工相关材料。充实、鲜活、富有营养的材料能够促进主题班会活动达到预期的目的。班主任或其他组织者在内容的选择上应该注意以下几点。

1. 内容的鲜活气息

所谓内容的鲜活气息是指主题班会活动所采用的材料应该符合当前社会发展和人们的生活状态。这种鲜活气息往往是正向的、积极的、富有引导力的。这一要求是考虑中小学生尚未成熟的身心发展状态而提出的。一方面，他们思想活跃，对新鲜事物充满强烈的好奇心，对新鲜的、有活力的、有感染力的内容较为感兴趣，因此与当前社会和他们的生活贴近的内容能够引发他们的注意和参与积极性。另一方面，中小学生活泼好动、兴趣广泛、模仿力强且辨别力不足，他们容易受到暗示和引导。因此，正面的、积极的材料更容易引导他们的发展。

◇ 案例分享

给活动起个好名字

主题确定之后，给活动取个什么样的名称会影响到活动的成效。一般来说，这个名称要反映主题，能充分体现主题对活动的要求。主体名称要直观、醒目、生活化、趣味化，使学生闻其名便有亲近之感。

教育主题	活动名称	教育主题	活动名称
节约	节约——你行，我也行	珍惜生命	安全自护，我能行
	行动吧，节约小天使		艰辛与汗水为生命喝彩
交通安全	珍爱生命，平安出行	诚信	我和诚信交朋友
	学做交通小卫士		诚实守信在心中
环保	今天我们怎么扔垃圾	挫折教育	阳光总在风雨后
	环保 365，伴我文明行		我努力，我成功
民俗文化	欢欢喜喜闹元宵	爱国家	祖国的昨天、今天和明天
	话端午，忆端午，品端午		爱我河山
善待他人	与微笑同行	社会责任感	小小志愿者之旅
	老少同心，快乐同行		让劳动更有意义
文明上网	QQ：我的快乐，我的烦恼	民族团结	走进民族园
	科技知识网上行		民族文化村，快乐少年心
热爱家乡	家乡的桥，心中的桥	关心时事	我与“世博”零距离
	古镇寻“宝”		梦圆，迎奥运

（芮秀军主编：《班主任班队活动管理艺术》，东北师范大学出版社 2010 年版，第 166 页。）

2. 内容的深刻性

如果说内容的鲜活气息是为了使学生产生共鸣，那么内容的深刻性则是为了让学生陷入“沉思”。主题班会活动不能仅仅局限于热闹的场面和快乐的情节，还应该能够在智慧启发和人格感悟方面给学生一定的激励和促进。因此，主题班会活动的内容应该富有深刻的内涵，应该能够引起学生思考、辩论或感悟，应该在塑造学生人生观和价值观方面提供更多的机会。哲理、智慧和理性应该成为主题班会活动内容选择的重要标准。

◇ 案例分享

某小学以“交往”为主题开展的班级系列活动

年级	主题	活动目的	实施建议
一年级	我	1. 7岁的孩子已经有了一定的自我意识，但目光更多的还是向外，希望通过此活动看到更多的“镜中自己”。 2. 能够描述一些自身特点。 3. 能够理解自身特点中有哪些是不能改变的，没有好坏之分，有了它们才能区分自己与他人。	1. 让学生画出自己，不一定很像，但一定要突出三个特点，可以夸张。 2. 交流：同学们评一评谁的最有趣。 3. 游戏：找两三个外形比较像的孩子，让一个学生蒙着眼摸并猜猜是谁。 4. 你对画上的哪部分不满意？能改过来吗？
二年级	我的，你的	1. 属有权的明辨对今后学习交往、尊重他人、提升自我意识都有很重要的意义。 2. 使学生从物质的属有意识发展到意识形态的属有意识。	1. 说出十样属于自己的学习用品。 2. 你不希望同学们对你的学习用品做什么？ 3. 把“我不希望你……”换成“你不希望我……” 4. 除了看得见的东西，有没有看不见的但是也属于你的东西？（家庭、时间、空间、想法、力量……） 5. 重点分析：如果占用了他人的时间，消耗了他人的体力，该如何处理？
三年级	我们	1. 这个阶段孩子的友谊最善变，其实也是孩子在不断解散—组合—解散的过程中学习交往，寻找朋友。 2. 让孩子们理解：当“我”变成“我们”的时候，要学会降低对对方的要求。	1. 阅读《我有友情要出租》。 2. 为大猩猩写一个征友启事，条件越多越好。 3. 如果必须符合所有条件，大猩猩能找到朋友吗？如果真的有这样的一个朋友，这个朋友会快乐吗？ 4. 根据上面的问题排两个短剧。 5. 给自己起一个动物名字，写一则征友启事，全班传看，愿意成为朋友的就签个字。

续表

年级	主题	活动目的	实施建议
四年级	我	促使孩子学习以诚恳、明确的方式表达自身的感受和看法，接纳自己的现状。	1. 两人一组，面对面，互相注视对方的眼睛50秒，很肯定地看着对方，不要躲闪，体会彼此注视的感觉；然后两个人再互相看着对方的眼睛，很肯定地、分别作1分钟的自我介绍。 2. 很肯定地对对方说出三句我的“什么”很好。 3. 重新组合两次小组，做同样的练习。 4. 大家评判每个同学在自我介绍时是否很肯定地表达了自己。 5. 交流感受。
五年级	你	使孩子们体会被人认识的感受，了解他人眼中的“我”，从而促使他们“自知的我”和“他人所知的我”更加融合。	1. 在纸上写五个描述某个同学的句子，用“你……”这个句式，不必署名。 2. 老师收集后，从中任意抽出一张念给大家听，让大家猜猜这一张是谁写的。 3. 请猜中的人说出他猜对的理由。 4. 老师引导大家说一说被猜中时及猜中别人时的心情、感受；对于猜错的同学，老师也引导他们说一说自己的感受。
六年级	我们	1. 学会诚恳地请求别人的帮助。 2. 学会做到拒绝别人的请求但又不损害人际关系。	1. 分组表演在日常生活中因为一次“拒绝”而产生的误解与烦恼。 2. 描述一次你拒绝别人的经历，你们的关系因为你的拒绝而变差了吗？分析一下你们的关系因为你的拒绝而改变或不变的原因。 3. 回到开始的场景中，练习用诚恳的态度和合理的理由拒绝他人。

（邓艳红主编：《小学班级管理》，华东师范大学出版社2010年版，第108—110页。）

案例分析　此案例介绍了小学各阶段开展的以“交往”为主题的班会活动。对案例中班会活动的活动主题、活动目的、活动设计，分析如下：

首先，教师应选择符合学生发展水平的班会活动主题。案例中，因低年级学生还不具备处理复杂人际交往的能力，所以低年级段的班会主题多为“培养学生的自我意识”。而高年级学生具备了处理复杂人际关系的能力，所以高年级段的班会主题多为“认识他人”“理解他人”。

其次，教师应结合学生的生活实际制定班会活动目标。案例中，教师将三年级班会活动的活动目标设计为“建立友谊”，将四年级班会活动的活动目标设计为“接受自我”，而这正是不同年级学生生活中需要解决的问题。

最后，教师的活动设计应激发学生的参与兴趣。案例中的活动新颖有趣，教师灵活地使用提问法、游戏法、讨论法等教学方法，引导学生边活动边思考，这有利于学生全身心地投入到班会活动中。

（三）设计形式

主题班会活动依据不同内容而有不同的形式。活动的形式要符合学生的年龄特点，要形式多样、不拘一格、丰富多彩，从而使主题班会活动成为学生成长过程中难忘的一幕。中小学生喜欢形式新颖、自主性强的活动，而不喜欢单调的、抽象的、空洞的说教。因此，主题班会必须适应中小学生的这些特点，多开展生动活泼的活动，把思想教育渗透在活动之中。具体来说，常用的班会形式主要由以下几种：

1. 演讲

这种形式较为普遍，且容易实施。它的特点是以学生的表达为主，能充分调动学生参与活动的积极性，锻炼学生的演讲能力。这些观点都是学生自己表达出来的，因而更容易引起其他学生的反应，教育性较强。

2. 主题报告会

相对于演讲来说，主题报告会专业性更高。班级一般会邀请某些班外专业人士来做汇报。由于报告人多为亲身实践者或内行人，因此报告会的感染力较强，学生们容易产生对报告人的思想、行为或学识的敬佩之情。

3. 竞赛

根据学校、班级情况和学生的思想、学习、生活状况，组织者开展某项专题竞赛，让学生们围绕某个内容，如共青团知识、奥运知识等开展竞赛，在竞赛中学习。

4. 文艺表演

这是学生用各种文艺表演形式，如音乐、舞蹈、相声、小品等表现某个班会主题。这种表演具有形象性、趣味性，富有感染力，能够充分发掘学生的潜能和创造性。它的缺点是需要学生花费较长的时间、较大的精力去准备。

5. 辩论

针对某一命题，学生们根据所持立场的不同分成相对的“阵营”——正方和反方。持不同见解的双方向对方阐述自己观点的正确性，并指出对方观点的矛盾，以期辩明某一命题。这种形式能有效地锻炼学生的思维反应力、灵活应变能力和语言表达能力。

6. 座谈、经验交流会

围绕某个主题，组织者启发学生交流自己的经验、心得和体会，如学习经验交流会等。学生之间的经验介绍对其他学生有较好的借鉴意义。

除此之外，主题班会还有很多其他的形式，如参观、模拟、展示、操作等。组织者要根据内容的需要，采用能够发挥最佳效果和最富教育意义的形式，启发和引导学生的道德成长。

（四）实施活动

主题班会活动的实施需要考虑多方面因素，一是要确定活动的时间和活动的场所。根据不同类型和主题的班会活动，选择不同的场所进行。如比较严肃的主题最好在室内进行，其环境布置不宜花哨。而比较活泼的主题则可以在操场、剧场等场所举行，如果在班级内开展也可以把班级装扮得温馨、活泼一点。二是确定参与人员。在主题班会活动开展之前应确定主持人、发言人、表演人、校外嘉宾等，这些人员的选择和邀请要提前安排。除此之外，还有很多其他方面的因素，如多媒体等，都要提前准备。

班主任在活动实施的过程中，一方面要“放权”，让学生成为主题班会实施的主体，尊重学生的意见，让他们的想法得以实现；另一方面要起到引领的作用，不能一味地扔给学生，不闻不问。班主任在主题、核心内容、组织结构和整体运行方面应该有所考量和把握，要善于“抓大放小”，在总体方向把握的基础上相信学生、依靠学生，让学生办属于自己的主题班会。

（五）总结巩固

班主任（或其他组织者）除了需要关注选题、内容、形式和实施以外，还需要对主题班会活动进行总结。这种总结是理性的反思过程，也是学生得以形成正确的观念和方法的必要途径。它往往能够对主题班会活动起到点睛之笔的作用。

1. 班主任要善于总结、提炼和升华主题班会的内涵

每次班会结束后班主任都要做好总结，对主题内容、学生发言、组织程序和突发状况等进行分析和评价。这种评价应该是具体的、真实的、中肯的，不要笼统地说“好”或者“不好”。简单地表扬会掩盖学生的缺点，达不到帮助他们进步的目的，而一味地批评则会降低学生下次参与活动的积极性。同时，主题班会活动相对于课堂知识教学来说，预设性较差，在学生参与活动的过程中随时可能生成新的话题和内容。由此，整个主题班会活动的内容可能会变得繁杂、多样、线索凌乱。班主任要把这些内容集中到预定的主题之下，并深化这些内容的核心价值，从而使主题班会更加有针对性和启发性。

2. 班主任要慎重对待班会中出现的争议性问题

班主任应提出自己的见解，或者表达一种肯定的结论式意见，以便统一学生的思想。由于学生的认识水平有限，他们的想法往往不够全面、系统和合理，有些同学过分关注自己的想法，仅从自己的角度出发来看待问题，甚至还会有一些情绪性的表达。在这种情况下，班主任就要利用总结来启发、诱导和点拨，引导学生树立大局意识，从更加宏观的角度和更接近本质的层面理性地讨论问题。

3. 在每次主题班会活动之后，班主任要及时收集和听取学生的反馈，掌握学生在思想情感或行为方式等方面的变化

对于好的转变要及时给予鼓励和表扬，争取利用每次主题班会活动的机会，

促进学生心灵的成长和行为的转变。同时，班主任要贯彻并监督主题班会活动所达成的某些共识或决议，做到思想和行动的结合，使班会起到它应有的作用。

三、主题班会活动的设计方法与案例参考

（一）说理讨论法

说理就是向学生讲清道理，以帮助学生分析问题、认清道理。说理需要与讨论相结合，如果没有学生参与讨论，那说理往往就成了教师的灌输。这种灌输，尤其是关于价值观的灌输容易引起学生的反感和排斥。因此，教师在说理的过程中应该鼓励学生参与讨论，在说理讨论的过程中，向学生讲解、阐述、分析道理，引导学生在思考和辨别过程中厘清问题。

说理讨论法是班主任在主题班会活动中较常使用的一种方法。它简单、有效、容易实施，因此很多班主任都会采用这种方法。在说理的过程中，班主任要注意，说理要有“三心”，即入心、在心、动心。所谓“入心”即说理要说到点子上，能让学生愿意听、听进去。说理要避免假、大、空，避免一味地训斥或规劝，否则容易引起学生的叛逆之心。所谓“在心”指的是说理不仅要让学生听进去，还要让学生把“理”放在心里琢磨和思考。“动心”则是要求说理要能激发学生的情感共鸣，让学生认同并愿意遵从班主任所说的道理。讨论则要注意两个要素。一是讨论的话题要联系学生的实际同时又具有挑战性；二是讨论的过程要循循善诱、“导而弗牵”。

◇ 案例分享

美国老师讲《灰姑娘》的案例

上课铃响了，孩子们跑进教室，这节课老师要讲的是《灰姑娘》的故事。老师先请一个孩子上台给同学们讲一讲这个故事。故事很快讲完了，老师对孩子表示了感谢，然后开始向全班提问。

1. 最喜欢谁和最不喜欢谁

老师：你们喜欢故事里面的哪一个，不喜欢哪一个，为什么？

孩子们很快总结出来：喜欢辛黛瑞拉（灰姑娘），还有王子，不喜欢她的后妈和后妈带来的姐姐。辛黛瑞拉善良、可爱、漂亮，后妈和姐姐对辛黛瑞拉不好。

2. 一定要做一个守时的人

老师：如果在午夜 12 点的时候，辛黛瑞拉没有来得及跳上她的南瓜马车，你们想一想，可能会出现什么情况？

学生：辛黛瑞拉会变回原来脏脏的样子，穿着破旧的衣服。哎呀，那就惨啦！

老师：所以，你们一定要做一个守时的人，不然就可能给自己带来麻烦。另外，你们看，你们每个人平时都打扮得漂漂亮亮的，千万不要突然邋里邋遢地出现在别人面前，不然你们的朋友要被吓着了。女孩子们，你们更要注意，将来你们长大后和男孩子约会，要是你不注意，被你的男朋友看到你很难看的样子，他们可能就要被吓昏了（老师做昏倒状，全班大笑）。

3. 继母和姐姐自私但不是坏人

老师：好，下一个问题——如果你是辛黛瑞拉的后妈，你会不会阻止辛黛瑞拉去参加王子的舞会？你们一定要诚实哟！

学生：（过了一会儿，有孩子举手回答）是的，如果我是辛黛瑞拉的后妈，我也会阻止她参加王子的舞会。

老师：为什么？

学生：因为，因为我爱自己的女儿，我希望自己亲生的女儿当上王后。

老师：是的。所以，我们看到的后妈好像都是不好的人，她们只是对别人不够好，可是她们对自己的孩子却很好，你们明白了吗？她们不是坏人，只是她们还不能够像爱自己的孩子一样去爱其他的孩子。

4. 我们需要很多的朋友

老师：孩子们，下一个问题——辛黛瑞拉的后妈不让她去参加王子的舞会，甚至把门锁起来，她为什么能够去，而且成为舞会上最美丽的姑娘呢？

学生：因为有仙女帮助她，给她漂亮的衣服，还把南瓜变成马车，把狗和老鼠变成仆人。

老师：对，你们说得很好！想一想，如果辛黛瑞拉没有得到仙女的帮助，她是不可能去参加舞会的，是不是？

学生：是的！

老师：如果狗、老鼠都不愿意帮助她，她可能在最后的时刻成功地跑回家吗？

学生：不会，那样她就可以成功地吓到王子了。

（全班再次大笑。）

老师：虽然辛黛瑞拉有仙女帮助她，但是，光有仙女的帮助还不够。所以，孩子们，无论走到哪里，我们都是需要朋友的。我们的朋友不一定是仙女，但是，我们需要他们，我也希望你们有很多很多的朋友。

5. 要爱自己，给自己机会

老师：下面，请你们想一想，如果辛黛瑞拉因为后妈不愿意她参加舞会就放弃了机会，她可能成为王子的新娘吗？

学生：不会！那样的话，她就不会到舞会上，不会被王子遇到，让王子认识和爱上她了。

老师：对极了！如果辛黛瑞拉不想参加舞会，就算她的后妈没有阻止，甚至支持她去，也是没有用的，是谁决定她要去参加王子的舞会？

学生：她自己。

老师：所以，孩子们，就算辛黛瑞拉没有妈妈爱她，她的后妈不爱她，这也不能够让她不爱自己。就是因为她爱自己，她才可能去寻找自己希望得到的东西。如果你们当中有人觉得没有人爱，或者像辛黛瑞拉一样有一个不爱她的后妈，你们要怎么样？

学生：要爱自己！

老师：对，没有一个人可以阻止你爱自己，如果你觉得别人不够爱你，你要加倍地爱自己；如果别人没有给你机会，你应该加倍地给自己机会；如果你真的爱自己，就会找到自己需要的东西。没有人可以阻止辛黛瑞拉参加王子的舞会，没有人可以阻止辛黛瑞拉当上王后，除了她自己。对不对?

学生：是的!

6. 你们会比伟大的作家更棒

老师：最后一个问题，这个故事有什么不合理的地方?

学生:（过了好一会）午夜12点以后所有的东西都要变回原样，可是，辛黛瑞拉的水晶鞋没有变回去。

老师：天哪，你们太棒了！你们看，就是伟大的作家也有出错的时候。所以，出错不是什么可怕的事情。我担保，如果你们当中谁将来要当作家，一定比这个作家更棒！你们相信吗?

孩子们欢呼雀跃。

（《中国德育》编辑部:《美国教师讲〈灰姑娘〉的案例》，载《中国德育》2008年第11期。）

（二）情感陶冶法

情感陶冶法是指通过设置一定的情境让学生在与环境的互动过程中自然地得到道德情感与心灵熏陶的一种教育方法。它的理论基础是环境能够影响和塑造人的观念和行为。在主题班会活动中，班主任要善于利用情感陶冶法，通过设置情境、营造氛围让学生融入道德教育的环境中，使学生在潜移默化中受到感染和影响。

北京师范大学檀传宝教授指出了情感陶冶法的三个实施要求:（1）教师的最主要功能体现在教育情境的设计上，这一情境必须能够引人入胜，具有感染力。教育作用是渗透其中而非显性地存在，在教育情境设置之后，教师的作用应当尽量淡化，除非教师在情境中作为情境的构成要素之一存在。（2）教师作为教育情境的构成要素的条件是对学生的挚爱、真诚以及自身道德人格的魅力。同时，教师应当成为道德人格上的榜样，这是陶冶的一个重要因素。（3）应当促进学习主体与教育情境的互动，强调学生在主动参与以及对环境的净化、美化和改进。主体的主动参与是增强道德陶冶作用的一个重要条件，因为“参与”可以使环境变成一种具有亲和力或亲切感的道德影响源。①

（三）价值澄清法

价值澄清理论（Values Clarification）产生于20世纪60年代的美国，其主要代表人物是美国学者路易斯·拉思斯（Louis E. Raths）。价值澄清理论的核心思想体现在拉思斯与其学生合著的《价值与教学》一书中。该理论的基本假设前提是：儿童处于价值观冲突的复杂社会之中，这个社会没有一套公认的道德准则和价值观。这就决定了教师不可能直接把价值观教给学生，而只能让学生通过学习、分析、讨论、评价和反思等方法来帮助学生形成适合他自己的价值观体系。

价值澄清法包括了三大阶段共七个具体步骤，如下表所示：

选　择	珍视	行动
1. 自由地选择	4. 赞同与珍视	6. 根据选择行动
2. 从各种可能的选择中选择	5. 确认	7. 重复
3. 认真思考每一种选择的后果再进行选择		

这里简单地介绍这七个步骤：

（1）自由地选择。选择必须是完全自由的，没有任何外在的强迫。

（2）从各种可能的选择中选择。给学生提供多种可能进行选择，以增加学生自由选择的机会。

（3）认真思考每一种选择的后果再进行选择。学生要仔细权衡和完全理解每一种选择的后果，并根据这个可能的后果进行取舍。

（4）赞同与珍视。学生对自己所选择的价值和行动感到高兴并珍惜。

（5）确认。学生愿意把自己的选择公开与他人分享，并将为自己的选择进行辩护，而丝毫不感到羞愧。

（6）根据选择行动。学生将自己选择的价值观体现在生活的诸多方面，用

① 檀传宝著：《德育原理》，北京师范大学出版社2007年版，第241页。

实际行动来证明自己的选择。

（7）重复。行动不是偶然的而是经常出现的。甚至最后会形成一种习惯，并以某种生活方式不断重复。

价值澄清理论源于道德教育过程中的师生对话。它主张教师通过对话引导学生思考并选择自己的价值立场。这一过程不是教师告诉学生应该遵从某种价值观，而是通过七个步骤来引导学生更加清晰地思考自己的观念。这种引导的方法充分地尊重了学生的自主性，且容易实施。在主题班会活动过程中，可以很好地利用价值澄清法帮助学生梳理和确认自己的道德观念。

◈ 案例分享

价值“拍卖”班会实录

一、活动目标

通过班会，激发学生思考自己的价值观念，帮助学生体验和澄清自己的人生态度，提高学生的道德修养。

二、活动准备

（1）道具：人民币拍卖槌。

（2）将拍卖的价值写在硬纸板上两份（不同的鲜艳颜色），一份贴在黑板上，一份给拍卖者。

三、活动说明

本次活动帮助学生了解友谊、爱心、自信、威信、健康、快乐、知识、财富、礼貌、诚实 10 种价值观念，通过活动让学生真正领会 10 种价值的含义。

四、活动过程

（一）开场白（主持人）

人生有价值的东西很多，如友谊、爱心、威信、健康、快乐、知识、财富等。假如给你 5000 元人民币，面对众多的价值观念，你将如何选择和购买呢？今天，我们举行一次别开生面的“拍卖会”，通过拍卖会，同学们可以把自己的价值观念，真实地展现给大家。

（二）出示拍卖的价值观念和拍卖的规则（宣读）

拍卖的价值观念：友谊、爱心、自信、威信、健康、快乐、知识、财富、礼貌、诚实。

拍卖规则：

（1）每人只有 5000 元人民币。

（2）每种价值拍卖最多 5000 元成交。

（3）每种价值报价 3 次后成交。

（三）拍卖过程

1. 第一轮价值拍卖

主持人：下面欢迎价值王国派来的使者，为大家介绍“拍卖”的价值。

使者 1 手持“礼貌”字牌上场：礼貌大拍卖！礼貌大拍卖！同学们快来买礼貌吧！我们要从小讲礼貌，做文明人，正如一首歌里唱的（唱）：“晨风吹，阳光照，红领巾，胸前飘，小朋友呀高高兴兴进学校。见了老师敬个礼，见了同学问声早，老师您好，同学你早。咱们从小讲文明，咱们从小讲礼貌！”怎么样，你们想做讲礼貌的孩子吗？快来买礼貌吧。它的底价是 1000 元，快来买吧！

使者 2 手持“自信”字牌上场：卖自信啦！卖自信啦！如果你拥有自信，就会相信自己，做什么事都会成功。今天若不行，明天还能行。快来买自信吧！它的底价是 500 元。

使者 3 手持“友谊”字牌上场：同学们，你们听说过马克思和恩格斯之间的伟大友谊吗？（故事略）在我们前进的路上遇到困难时，友谊会给我们力量，会指给我们明确的方向，友谊在我们的生活中不可缺少。请欣赏《友谊的赞歌》（略）。怎么样？快来买我的友谊吧！底价是 1000 元。

使者 4 手持“知识”字牌上场：知识拍卖啦！如果你拥有知识，你就拥有了一切，知识是力量，知识是智慧，知识是财富，快来买我的知识吧！它的底价是 1000 元。

使者 5 手持“快乐”字牌上场：快乐大拍卖，快乐大拍卖！快来买我的快乐！快乐，快快乐乐，我给你们带来一首《快乐似神仙》，你们想听吗？听完后可要买我的快乐呀！怎么样？它的底价是 500 元。

主持人：刚才五名价值使者给我们介绍了五种价值观念，你们比较比较，看哪个更有价值，再开始竞买！

竞买（过程略）。

2. 第二轮价值拍卖

主持人：紧张的第一轮拍卖告一段落，下面进行第二轮拍卖，欢迎五位使者上场。

使者 1 手持“诚实”字牌上场：……诚实的底价是 500 元。

使者 2 手持“威信”字牌上场：……威信的底价是 500 元。

使者 3 手持“爱心”字牌上场：……爱心的底价是 1000 元。

使者 4 手持“财富”字牌上场：……财富的底价是 500 元。

使者 5 手持“健康”字牌上场：……健康的底价是 1000 元。

竞争过程（略）。

（四）谈感想

主持人：紧张的拍卖会已接近尾声，首先对竞争到价值的同学表示祝贺。我想问竞拍到价值的同学两个问题：

（1）你花这么多钱购买你手中的价值观念，你是怎么想的？你认为它的意义何在？

（2）你打算如何实现你手中的价值？

生 1：花 5000 元钱购买到诚实，我一点也不后悔。因为老师教育我们从小要做诚实的孩子，很多伟大的人物都首先是诚实的楷模，我要向伟大人物学习，做个诚实的孩子。

生 2：能竞争到知识这个价值我感到非常自豪！因为只有拥有知识才能实现我的梦想。

生 3：能竞争到健康这个价值，我真高兴。因为只有身体健康，才能更好地学习和工作。从现在做起，我要天天锻炼身体。

生 4：花 3000 元购买到财富这个价值，我不后悔。财富能实现我的愿望。我要带上爸爸妈妈到各地去旅游，让他们欣赏祖国美丽的景色，我还要让他们吃最好吃的东西，穿名牌衣服……因为爸爸妈妈为了我省吃俭用好多年了，我要报答他们。

主持人：未竞争到价值的同学们，肯定也有收获，请你们谈谈自己的感受。

生 1：这次拍卖会我虽然什么也没竞争到，有些遗憾，但是我懂得了这些价值观念的真正意义，我也很高兴。

生 2：下次拍卖会我再争取。……

主持人：同学们，我先采访到这里，下面请班主任老师讲话。

（五）班主任讲话

同学们，今天的拍卖会你们表现得非常优秀。人生有价值的东西很多，它是无法用金钱买到的，它需要我们付出努力才能真正实现它的价值。在我们成长的道路上，还有没有比这些更值得我们去追求的呢？这是值得我们深思的。希望同学们从今天做起，从现在做起，为实现你们的人生目标而努力奋斗吧！

（张凤霞：《价值“拍卖”——班会实录》，载《小学教学设计》2002年第 10 期。选入本书时有修改。）

（四）理想激励法

理想激励法是指班主任通过理想、信念、愿景等促进学生形成道德理想、道德信念的教育方式。理想激励法能够发挥作用的重要原因是人的社会性需要。任何人的自我价值实现都离不开对理想的追求。因此，理想、信念、信仰等对人们的行动具有推动力。青少年正处在发展成熟的过程之中，他们的人生和未来充满了未知数和可能性，他们对自己的能力和成就充满了想象和期待。班主任可以很好地利用青少年的这种心理特点，用理想和愿景激励学生奋进。

从青少年的生活学习实际来看，理想激励法包括：（1）用“愿景”来激励学生。所谓愿景即人们所向往的前景、前途、成就等。这种激励方式往往被用在较为“具体”和“直接”的理想实现上，如获得好成绩、交到好朋友、考上好大学等。（2）用“价值感”来激励学生。这里的价值感主要指的是学生能够感到实现某种理想所带来的内心情感和人格变化。班主任可以利用这种“价值感”来激发学生的理想。

第十章　如何与家长沟通

学校和家庭是孩子生长时期的两个最重要的环境，具有不可取代的教育优势。学校和家庭如果形成教育合力，会让孩子在积极和谐的教育环境中健康成长，反之则可能让孩子无所适从，从而偏离学校和家庭所期望的轨道。

一、家校关系

家校关系是一个发展的概念，以往人们在论述家校两者的关系时，常用家校联络、家校联系、家校沟通、家校协调等词语描述。一般而言，家校合作是家庭和学校以促进青少年的全面发展为目标，家长参与学校教育，学校指导家庭教育，相互配合、相互支持的双向活动。①

◈ 案例分享

从“幼儿园入学记”谈起

2017 年 4 月 8 日上午，我带孩子去参加某幼儿园入学面试。400 多个孩子报名，只招收 100 人，“淘汰率”挺高。一组 14 个小孩围坐在面试室中，大人们站在孩子的身后。

空气中渐渐弥漫起激动、焦虑的气氛，似乎还夹杂着谄媚和伪装。父母们恨不得三岁的娃娃能瞬间长大——长成面面俱到、八面玲珑的“小大人”。“马上轮到你了。你要好好表现哦！”“你肯定比之前那个小孩讲的好！”“上去啊！快上去啊！你可以的！”那种语气好像摸到了大奖，可是

① 黄河清著：《家校合作导论》，华东师范大学出版社 2008 年版，第 37 页。

孩子却只抖着彩票说："颜色好漂亮！"

急啊！

一个男孩的爸爸按捺不住了，对着一脸茫然的孩子严肃而低沉地呵斥道："你要听老师的话，不然老师要打你的！"孩子惊恐地看了老师一眼，更沉默了。嚯！原来有些家长把老师当成恐吓孩子的"利器"——在自己无能为力时，借助老师的"威力"。

还有一个妈妈在孩子们吃完点心后张罗起来了，带领自己的女儿收拾餐具、摆椅子。嘴里招呼着："没事没事，这个我们可以做的。"这是怎样灵巧而聪慧的母女啊，映衬得吃完就跑的孩子的家长满脸尴尬，却也引得老师们连连说："谢谢！谢谢！宝贝真棒！"只是在这样的场合，这种做法不免散发着些许谄媚和刻意为之的伪装。或许在一些家长眼里，老师是需要讨好奉承的，以便他们会格外关照自己的孩子。大约所有的家长都对自己孩子的教师有所顾忌，能得老师欢喜最好不过，至少不可得罪老师。毕竟孩子在老师手上哪！

"你孩子在我手上哪！"这是我真实听到的某老师指责某家长不配合班级活动时所说的话。语气中透露着得意、骄傲和嘲讽。这让我震惊，因为在我从教的这么多年里，我从来没有想到过这句话。仔细琢磨，是啊！"你孩子在我手上哪！"——"你敢怎样?""你还敢惹我不开心?!"果然，这个老师的下一句就是："你让我不高兴，我肯定有办法让你孩子不高兴。不信，你可以试试。"瞧！多神气！多了不起！

当然会遇到盛气凌人的家长来挑战权威，毕业多年的学生回来哭诉被"流氓"家长追打。各自有理，又无法调和，矛盾爆发，互相伤害。

这大致就是当今家长和教师之不良关系的一种描摹。这种关系多了些功利，少了些伦理。家长和老师对对方有所"欲求"——或主动或被迫，一旦欲求不达则关系解体。今天的不少家庭和学校的关系看起来并不牢靠，也缺乏温情。家长和老师必须重新审视家校关系。

（节选自梁明月：《家校关系的伦理意蕴》，载《当代教育家》2017年第6期。）

案例分析 案例中出现了两种家校关系失序的现象：一方面家长争相在教师面前“表现”，以此想赢得教师对自己孩子的额外关照；另一方面教师想凭借管理学生的优势地位使家长听从自己的指令。引发这两种失序关系的原因是教师和家长都未意识到双方应是平等、尊重、信任的关系，而非为了实现自身“欲求”的功利性关系。一段良好的家校关系，应立足于家长和教师在情感与价值观的相互认同上，其本质应是一种伦理框架下的彼此信任、彼此尊重和彼此宽容的关系。家校双方应建立起人格同盟关系，促成家校的伦理性合作框架的建立[①]，以此形成教育合力，共同促进学生健康成长。

（一）家校关系的伦理本质

从本质上说，家校关系应体现“人格同盟”的伦理关系。所谓人格同盟，是基于个人的道德和人格魅力而产生相互吸引力，如真正的友谊、诚挚的钦佩、纯粹的爱情等。这些关系蕴含了人们在与他人交往过程中所体现出的德性。它的最初动机并不是为了得到物质上的好处，也不是一种情感投资以获得回报，而是折服于对方所具有的不愧于“朋友”的个人特质。正如西塞罗所说：“当人们在那些与其交往的人身上看到了美德和善时，他们就产生一种钦慕之心，这是不足为奇的。”这种感情是人们对自己所尊重和欣赏的人的一种亲近和好感。家长和教师作为独立的个体，双方的交往应该表现出相互欣赏的关系。在这种关系中，教师能够向家长展示作为教师应有的人格魅力，并赢得家长的信服；同样，家长也应向教师展现自己的美德以得到教师的认可。这种关系建立于精神层面而非物质利益。同时，家校关系的人格同盟特质具有很强的生命力。它并不一定会因为学生毕业而终结。以人格同盟为基础的家校关系在一定范围内可以超越时间限制，让家校保持着长久的友谊。这种友谊是学校（教师）未来发展的重要力量，也是学校（教师）口碑和声望的来源。即便毕业离校多年，学生及其家长依然会对学校和老师怀有感恩之情。这种感情

① 梁明月：《家校教育关系失序与矫治》，载《中小学德育》2017年第12期。

是“物质利益”无法链接的。在以利益为纽带的家校关系中，利益终止，关系即止，有甚者，或从“挚友”变成“陌生人”。家长和教师必须反思并超越市场经济体制下颇为盛行的“利益同盟关系模式”，打破习惯性的功利主义思维模式。家长和教师之间的友好关系不是因为谁能给谁带来“好处”，而是因为在努力为孩子的成长提供帮助的过程中彼此合作、彼此欣赏。家长们不可因为“孩子在老师手里”而讨好巴结老师，同样教师也不能因为“你的孩子在我手里”而利用家长。家校的伦理关系应该体现人格同盟的特质，而非相互利用的关系。

（二）家校人格同盟关系的建立

如何建立家校的人格同盟关系是家校关系研究的重要内容之一。从教育学的研究视角而言，家校人格同盟关系塑造的主要原则有以下几点：

其一是德性。任何人格同盟的建立都离不开交往双方的德性和品行。家校人格同盟超越“利益同盟”的前提是家长和教师向对方展现了富有吸引力的人格特质。那是一些为人们所共同称赞的品质，如正直、善良、仁慈、友爱等。在此基础上，家校双方应该相互尊重。不可存有偏见，不能用经济、地位、名望等社会属性来判定身份之高低。家长要以平常心尊重教师的职业及其教育的专业性，接受教师的合理指导。同样，教师也不可用老师的身份训斥、责难家长，而应以朋友的身份营造良好的互动氛围。

其二是同理心。同理心是家校良好关系建立的心理动能。从家长的角度来说，一方面家长要理解教师的工作特点。大多数情况下教师要全面负责全体学生的全部教育，他们很难完全满足每个学生的特殊需求。家长应理解这种困难，多与教师沟通。另一方面家长也要理解教师除了教师的职业身份之外，还有很多其他的社会身份和社会任务，家长要理解教师的“偶尔出错”，以宽容的心态理解教师工作的不易。从教师的角度来说，教师首先也要理解家长对孩子的感情和偏心。很多时候教师是从理性的角度来看待学生的表现的——好或者不好。而家长眼中孩子往往都是好，做错事情是情有可原的，这是为人父母的本性。教师要理解这种身份差异所带来的观点冲突。同时教师也要信任家长，相信家长大部分都是讲道理的，值得信任的。

其三是智慧。除了德性和理解，家校良好关系的建立还需要交往双方的智慧。这些智慧包括：（1）富有感情和人文气息，不能有对立心态。遇到问题或冲突时，应礼貌地以对方可接受的方式提出建议，而非批评。（2）家校沟通时减少啰唆和抱怨，不要在交流时露出太多负面的情绪，尽量以积极乐观的视角看待问题。相信方法一定比问题多。（3）家校沟通要就事论事，客观公正。无论是教师还是家长都不要对某个问题作过多的评价，而应客观、简洁、有条理地描述事实（尤其是遇到学生犯错时）。

二、家校沟通的具体原则①

（一）尊重性原则

家长与班主任在人格上是平等的，不存在教育与被教育的关系，而是一种十分重要的合作伙伴的关系。因此，班主任在与学生家长一起研究学生教育的问题时，必须尊重家长，学会倾听，虚心听取他们的意见，不可用老师的身份去训斥、责难家长。武断、埋怨、指责、命令家长的态度会挫伤家长的自尊，由此家长往往不愿也不会主动配合班主任的工作。

◈ 案例分享

我实习所在的某小学四年级（1）班就有一个典型的问题学生。该生成绩较差，上课不听讲，不遵守课堂纪律，甚至发出噪音干扰其他同学上课，课后经常东游西荡，无所事事，不完成作业。等到该生又一次不做作业却谎称作业忘带时，班主任终于大发雷霆，将该生的家长请到办公室来，才发现原来该生两头欺瞒，已经累计欠下整整一周的作业。

于是该生的家长被请到老师办公室，进行会谈。班主任先是感谢家长对学校教育工作的支持和配合，诚恳地表明今天请他们过来是想让他们多方面了解一下该生真实的学习情况并一起帮忙解决问题，避免此类情况

① 邓艳红主编：《小学班级管理》，华东师范大学出版社2010年版，第124—127页。

再次发生。接着班主任大致说明了一下该生不做不交作业的严重情况，并在下课后把该生叫到办公室当着他父母的面进行解释。学生一见到他爸爸板起脸来，就有些害怕，立刻坦白了自己的欺瞒行为。他爸爸听了很是生气，说："平时问他作业做好了没有？他都说做好了，他辅导班老师也都说他有在做的啊。"他妈妈也在一边附和，班主任马上接了他的话问道："那你知道他平时都有什么作业吗？""这个……"该生的爸爸一时语塞，马上又瞪起眼睛说："看我回去不打他！"

班主任马上摇摇头，否定他这样的处理方式："我们班数学作业每天差不多都是固定的，一般就是口算两页，数作（数学作业本）一页，都要求学生把作业记在本子上。我就是担心你会打他，所以一直很少联系你，孩子是教出来的，不是打出来的。你打他一顿根本解决不了问题。"其父讷讷地说："我看别人家孩子都不用教的，就是他特别不听话，总要人操心。"班主任当即纠正了家长错误的教育观，并表示有关孩子的作业情况，家长可以主动联系自己交流，不必觉得打扰，还和家长互相加了微信。为了切实督促孩子按时完成作业，防止欺瞒的情况再次出现，班主任提出一种双向反馈的应对措施使用家校联系本。她拿来一本空白笔记本，要求学生每天在这个本子上记录当天作业并在放学前拿给班主任签字，老师会在本子上留下评语，或是肯定学生在校表现或是批评，便于家长了解学生真实的学习情况。学生家长见到老师签名后应按照要求督促孩子完成规定作业，同样留下签名，对学生在家的情况予以反馈。该生在老师的督促下终于将之前的作业都补完了。

（宁波大学张婷婷供稿，有删改。）

案例分析 尊重是家校沟通的前提，本案例中教师的处理方式充分体现了尊重性原则。首先，教师对家长表示了其支持和配合学校教育工作的感谢，诚恳希望得到家长的帮助以更好解决学生问题，这表现出教师将双方放在平等沟通地位的态度。其次，教师对家长说明该生的情况，并引导该生对其父母自行解释，这一行为尊重家长作为教育主体之一拥有知晓子女学习情况的权利。此外，尊重性原则旨在要求家长与教师之间的人格平等，两者在家校合作中形成一种重要的合作伙伴关系。对于学生存在的问题，教师通过家校联系本形成双向反馈的应对措施与家长达成共识，双方相互合作，学生成功补完所有作业。由此可见，教师尊重家长是良好沟通的前提，也是家校合作的重要支柱。

（二）理解性原则

班主任要理解家长对孩子的关爱之情。在父母眼中，自己的孩子是最棒的，他们认为自己的孩子犯错误只是一时糊涂，孩子的调皮是一种可爱。而当孩子在学校碰破一点皮儿，家长就会非常心疼和紧张。班主任在与家长沟通时，应多站在家长的角度去关心孩子，理解家长的心情；要以一颗真诚、善良、理解的心关爱孩子，以此换来家长的信赖。

◈ 案例分享

您护着的孩子也是我爱着的学生 [①]

“邓老师，你出来一下。”学生小军的父亲在办公室门口招呼我。我心里咯噔一下，家长突然到学校干什么？难道是因为昨天的玩具事件来兴师问罪了？

“邓老师，若不是小军昨天回来一直哭，晚饭也不吃，我也不至于这么生气，昨天的事情，你们老师处理得公平吗？”小军爸爸开口便责问我。

“小军爸爸，请问小军回家是如何和您说玩具的事情的呢？”我心平气和地想了解家长的想法。

“还能怎么说啊，我回家就看到小军的变形金刚坏了，他说是班长摔的，老师也没有帮他。你知道这变形金刚是我去国外出差特意带回来的吗？你们处理孩子矛盾的时候，是不是因为那个小孩是班长就袒护他？我

① 邓晓悦：《您护着的孩子也是我爱着的学生》，载《江苏教育》2019 年第 79 期。

们家小孩学习不好就要吃亏?”小军爸爸的目光直盯着我。

昨天因外出培训,我并没有亲自处理这件事情,只是听任课教师说了个大概,在事情不是很确定的情况下,我和家长的沟通显得底气不足……事后,为避免爱凑热闹的学生七嘴八舌说不清楚,也为了避免“涉案”的学生害怕批评不敢说实话,我利用班会的时间,让学生写了一篇小作文,我没有提玩具的事情,只是对学生说:“你们都是班级的小主人,反思昨天,写一件给你留下印象的事情,说说如果你是小班主任,你会怎么处理。”果然,有不少学生写了玩具的事情,原来,事实是这样的:小军在课间将藏在书包里的变形金刚拿出来玩,其他同学看见,就想和小军一起玩。这时,班长看到班级秩序很混乱,就站在讲台前说:“回到自己的位子上,课间不能玩玩具,不然我告诉邓老师。”被变形金刚吸引的学生哪里能听班长的话。大家依然围着小军争抢玩具,小军把变形金刚举得很高不让人碰,就在一眨眼的工夫,变形金刚摔在了地上。看到变形金刚的脚断了,大家都吓得跑回了自己的座位,留下小军一个人伤心大哭。小军也写了这件事情。他说自己特别喜欢这个变形金刚,这几天都把变形金刚放书包里,昨天课间想起爸爸过两天又要出差了,就情不自禁地拿出了变形金刚。当时小军只想着怎么才能不因为这件事被爸爸打,于是对爸爸撒了谎,把责任推到班长身上。今天爸爸去找邓老师,那个谎言让他更煎熬了。小军的每一句话都让我感受到他在释放压抑了很久的情绪,字里行间透着对爸爸的又爱又怕,还有因撒谎而产生的巨大心理压力。我真不忍心硬生生地拿规则去教育他,告诉他学校规定,上学期间不可以带玩具,不带玩具就不会有这些麻烦了,如果这样小军会更加伤心吧?

搞清楚来龙去脉后,我悄悄找到小军,告诉他明天再把变形金刚带到学校来。小军露出了惊讶的眼神,害怕地直摇头。直到我告诉他我的用意,他才欣然答应。第二天,趁着午休,我带小军到办公室,拿出准备好的胶水、螺丝刀等工具,和小军一起修复变形金刚。虽然变形金刚没能完全复原,可是小军的脸上露出了甜滋滋的笑容,两个小酒窝很深,而我第一次知道小军笑起来是有酒窝的,这个学生平时总是给人闷闷的感觉。后来，小军再也没有偷偷带玩具，遇到爸爸出差，想爸爸的时候还会主动找我聊天。有一次小军问我为什么没有批评他说谎，我摸了摸他的大脑门说："事情已经过去了，我不批评你，是因为我知道你已经感受到了说谎的痛苦。"半个月后，小军告诉我爸爸回家了，我把早已准备好的信拿给小军，告诉他："玩具的事情也得给爸爸一个交代，放心给爸爸看。"我用一封三张信纸的信，交代了事情的来龙去脉，同时在里面附了小军写的那篇文章，我在信的最后这样写道："小军爸爸，孩子有些想法在有心理压力的时候说不清楚，希望这封信能成为您和孩子之间真诚沟通的桥梁。"

过了一段时间，我收到了小军爸爸的回信，他说："感谢邓老师诚恳地提醒我，孩子还得亲自陪，再好的东西都代替不了。看了您的信，我也学着用心倾听孩子的声音，遇到事情不再简单粗暴地解决，这段时间我发现小军开朗了不少。我也为之前的事情道歉，我太护着自己家的小孩了，不仅我们爱小军，您也爱他。"

（三）信任性原则

班主任要信任家长，因为很少有对孩子漠不关心的家长。家长把孩子送到学校交给老师，对班主任的信任也是发自内心的，而这种信任能否持久，则要看班主任的人格魅力。作为班主任，不仅要让学生亲其师、信其道，还要让家长受到感染。在与家长的频繁接触中，班主任热情的工作态度、耐心的工作方法，能够于无形中打动家长的心，让他们相信教师、理解教师、支持教师。

班主任要赢得家长的信任，在虚心听取家长的意见和建议时，要有较强的判断能力和心理承受力。对家长的建议要冷静分析，对意见（有时甚至是尖锐的批评）要有宽广的胸怀；班主任应真诚而耐心地倾听家长对学校教育教学的意见和建议，同时要感谢家长对学校工作的支持。只有这样以情动人，才能取得家长的信任，达到同家长互相交流，共同教育的目的。

（四）灵活性原则

班主任与家长沟通时，也要注意"因人而异"。对学生家长，可以定期互通电话，也欢迎家长来校了解学生的学习情况。同时，因为不同家长对学校教育及子女教育问题的认识不同，家庭教育方法不同，班主任还应对学生家长的文化修养、职业背景以及他们对子女的期望水平有所了解，然后根据这些信息，及时、客观、全面地向家长反映其子女的表现情况。

另外，与家长交流时要注意表达的方式方法。根据不同的对象、不同的场合，确定谈话内容和谈话方式，并且在有突发情况时能迅速地调整内容与方式。例如，一位母亲不许成绩下降的学生参加春游，班主任为此家访。班主任到这个学生家时，学生母亲正准备做晚饭，班主任抓住时机笑着说："拿咱们做饭来说，如果做煳了一锅饭，就不再做饭了吗？我们大人不是也失过手吗？"学生母亲笑了。班主任又语气温和地分析学生成绩下降的原因，最终达到了预期目的。

班主任针对不同家长的工作要点

家长类型	家长普遍特点	孩子易出现的问题	对孩子要做到	与家长交流要注意	对家长要做到
单亲	1. 认为孩子可怜。 2. 担心孩子受影响不求上进。 3. 担心自己的教育能力。 4. 和孩子在一起的时间少。	1. 怯懦、孤僻、敏感。 2. 学习方法不正确。 3. 个别孩子有撒谎的毛病。	1. 要有保护孩子隐私的意识。 2. 要宽容但不要怜悯。 3. 给孩子创造锻炼的机会，让其变得坚强。 4. 尽量多和孩子相处，悄悄地帮助。	1. 少说孩子的"不是"，就事论事。 2. 不说"单亲孩子……"，要说"所有的孩子……"。 3. 不打听家长隐私。 4. 交流时要亲切。	1. 多留心孩子的优点，及时转告家长，使家长对孩子有信心。 2. 孩子出了问题尽量多帮家长分担。
隔辈	1. 认为"树大自然直"。 2. 生活上照顾得比较细致。 3. 辅导学习能力差。 4. 希望老师多管。	1. 自理能力差。 2. 缺少活力，知识面相对窄。 3. 做事效率不高。	1. 多给孩子提供实践的机会。 2. 鼓励孩子多与群体接触。 3. 教给孩子提高效率的方法，并多督促。 4. 多让孩子体谅老人的不易。	1. 对老辈家长说话一定要谦虚、恭敬。 2. 说话语速要慢，重点内容多重复。 3. 绝对不要评价孩子的父母。 4. 不参与家务事的讨论。	1. 要注重礼仪，如倒水、让座甚至搀扶。 2. 学业上的事尽量自己多做，让家长少做。 3. 多了解孩子在家中的表现。

续表

家长类型	家长普遍特点	孩子易出现的问题	对孩子要做到	与家长交流要注意	对家长要做到
溺爱	1. 以孩子的需要为中心。 2. 家长一般善良、敏感。 3. 缺乏对孩子集体意识的培养。 4. 家长缺少权威性。	1. 和同学交往时矛盾较多。 2. 一般不遵守纪律，意志品质差。 3. 男孩子容易“外强中干”。 4. 女孩子容易任性。	1. 在纪律上严格要求。 2. 教给孩子如何设身处地为他人着想。 3. 重点表扬靠自己努力得来的成绩。	1. 多与家长进行理性的探讨。 2. 多举实例说明溺爱带来的后果。 3. 发生事情时，教师一定要冷静、客观。	1. 多鼓励家长带孩子参加群体性活动。 2. 尽量和家长建立较亲密的关系，这有助于家长接受正确的教育思想。
放任	1. 没有时间，无暇顾及孩子的教育问题。 2. 个别家境好的家长认为自己完全有能力为孩子准备好一切。 3. 教育能力差，家长缺少权威性。	1. 懒散，缺少行动目标。 2. 经常表现出对什么都不在乎。 3. 不太顾及他人感受。 4. 整体水平低于其他学生。	1. 严格要求，明确各种规章制度。 2. 给孩子一定任务，培养责任感。 3. 遇到问题及时处理，绝不拖延时间。 4. 创造机会让同伴进行评价。	1. 态度要不卑不亢。 2. 每一次交流都要讲求质量，不能以数量取胜。 3. 耐心倾听家长的谈话，从其谈话中寻找错误认识，并给予纠正。	1. 达成教育共识。 2. 建立有效的联系方式，如建立联系本等。 3. 孩子有进步要及时通知家长，态度要真诚。
性格暴躁	1. 认为“棍棒底下出孝子”。 2. 教育缺乏方法。 3. 对孩子的期望值高于孩子本身水平。 4. 自身脾气急躁。	1. 容易说谎。 2. 孩子的表现会出现两个极端：一种是怯懦，另一种是同样暴躁。	1. 多关注孩子的进步，增强自信。 2. 当发现这部分孩子撒谎时，先考虑孩子的初衷。 3. 多与孩子交流，了解其内心世界。	1. 态度严肃，旗帜鲜明地指出粗暴对待孩子的不良后果。 2. 与家长交流时，一般让孩子在场，这样当家长情绪失控时可以保护孩子。 3. 绝不告状。	1. 帮助家长调整对孩子的期望值。 2. 共同商议教育计划。 3. 争取其他家庭成员能参与到教育实践中。

续表

家长类型	家长普遍特点	孩子易出现的问题	对孩子要做到	与家长交流要注意	对家长要做到
家庭困难	1. 自顾不暇，对孩子缺少关心。 2. 对孩子生活及心理上的承受能力期望高于同龄孩子。	1. 容易通过物质得到满足。 2. 个性比较倔强。 3. 容易焦虑、敏感。	1. 在生活上要给予最大限度的关照。 2. 平等对待，不在孩子面前流露怜悯、厌恶的情绪。	1. 交流时多了解孩子的家庭生活。 2. 对待家长要热情、体贴。 3. 认真倾听家长的讲话，不要侃侃而谈。	1. 在能力范围内主动帮助家长解决孩子的问题。 2. 帮助家长建立教育信心。

资料来源：邓艳红主编：《小学班级管理》，华东师范大学出版社 2010 年版，第 125—127 页。

三、家校沟通的方式[①]

（一）家长会

在班级管理过程中，班主任应该针对学生家长组织召开班级家长会，助力班级教育教学活动的实施。

1. 做好召开会议前的准备

为了确保家长会的成功召开，班主任需要做好如下准备工作：

（1）确定会议的目标和会议内容。班主任要确定主要收集和交流哪些方面的信息，共同解决哪些问题。

（2）发出开会通知。一般提前一两周向家长简单地通报会议的目的、主题、时间、地点，落实到会人员。

（3）班主任根据班级情况与任课老师沟通，准备发言材料。

2. 围绕会议主题，与家长深入交流，增强家校合力

（1）组织安排要全面。班主任要为会议安排好发言人和组织者，并安排学生迎接家长，指引会议地点。

（2）全面汇报教育教学工作。介绍近期学校和班级的动态，介绍班级教师

① 张作岭、宋立华主编：《班级管理》第 2 版，清华大学出版社 2014 年版，第 220—229 页。

和学生的基本情况，让家长对班级有大致了解。

（3）介绍班级的具体情况，如班级的典型事件、学生的进步之处，也要指出学生的不足之处。班主任在表扬学生时，尽量不要遗忘任何一个学生，因为家长非常关注自己子女的情况。对于表现不良的学生，班主任要注意避免在家长会上公开批评，而要介绍其闪光点，肯定其进步点，提出期待和具体建议。

（4）家长之间的交流和相互学习。家长会应该给家长们充分的时间讨论和分享学生在家庭的情况，让教师了解学生在校外的表现。班主任可以启发家长对班级目前的问题献计献策，实现家校合力。同时家长会还是一个家长相互交流的场域，一个优秀的学生背后常常有着优秀的家长，在家长会上可以让优秀的学生家长谈一下自己的教育方法。

（5）总结会议。班主任要充分肯定家长所提出的意见，感谢家长对班级工作的支持。

3. 做好家长会记录

记录家长会上家长反映的情况，可以帮助今后有针对性地开展家校合作工作，同时也有利于开展以后的家长教育工作。

（二）家访

班主任通过家访可以与家长交换意见，还可以亲自观察家庭中孩子学习的环境，亲自感受学生家庭的精神气氛和文化修养。

1. 家访前

班主任在家访前，要提前与家长约定时间和家访目的，让家长对教师的访问有事先准备。家访前，班主任要事先规划好谈话的主题，做到胸有成竹，有的放矢，避免漫无目的而破坏了家访的效果。

2. 家访时

在家访过程中，教师要注意如下问题：

（1）注意自己的言谈举止、仪态、仪表，班主任以什么样的形象出现在家长面前，会直接影响家长对教师的信任度和尊敬感。同时，谈话时也不能只顾自己滔滔不绝而不给家长说话的余地，因为家访是双向交流的教育工作，而不是班主任唱独角戏。

（2）要注意避免流于形式，走过场。有些班主任进行家访是出于一种应付差事的态度，这就使得家长感到家访可有可无。他们既感受不到学校教育的力量，也觉察不出自己在教育中的存在价值。

（3）要注意不偏离主题。家访时，班主任应抓住主题，不应该打着家访的旗号，忘了自己的身份，随随便便聊天。

（4）家访要面向全体学生。过去人们往往认为家访就是告状，因此很多家长对家访产生了恐惧心理，这是不可取的。班主任应该从告状的家访模式中跳出来，以客观发展的眼光看待学生看待家访。

3. 家访后

教师完成家访后，应该针对访问重点形成访问记录。

（三）家庭联系簿

家庭联系簿是学校班级与家长联络的重要渠道，也可以提供学生每日生活的重要信息。班主任在班级生活中应该妥善运用家庭联系簿。家庭联系簿的批阅应该注意以下几点：

1. 避免在上面写学生的缺点

因为首先接触联系簿的是学生而不是家长，如果学生在联系簿上发现教师的评语，害怕回家被家长惩罚而不敢将联系簿交给家长，反而失去了联系簿的功能。

2. 运用鼓励的原则

班主任应该尽可能在学生的联系簿上写一些鼓励学生的话，让学生可以从联系簿上了解班主任对自己的期望，感受到班主任对自己的关怀。

3. 多写一些感性的话

班主任在联络簿上写评语时，可以写一些感性的话以鼓励学生。

（四）网络沟通

学校可以建立校园网站，班级可以建立班级网站，或是通过 QQ 群、微信群建立聊天方式，还可以以班级为单位建立聊天群、讨论区。通过这些渠道向家长通报班级近期开展的各项活动，家长也可以向教师反馈学生在校外的情况。这种交流方式更便捷、快速，也容易让家长感受到被尊重，避免了传统的单向交流的弊端。

◇ 案例分享

袁老师会通过微信及时向家长反馈学生在学校的情况，尤其是让家长看到孩子的进步。小徐同学不太会跳绳，一分钟只能跳四十几下。有一天袁老师让我指导小徐同学跳绳，他的进步很大，一分钟能跳一百多下。袁老师立刻用手机录下了他跳绳的视频发给小徐同学的父母，告诉小徐的家长他在跳绳上取得的进步。小沈同学平时成绩不怎么理想。他有一次数学考试得了全班第一名。袁老师听说后立即让小沈用老师的微信告诉父母。小沈说："爸爸妈妈，我今天数学考试考了 93 分，是全班第一，我下次会继续努力的。"我至今还记得他告诉父母这个好消息时脸上洋溢着的笑容。小刘同学在宁波市的一个跆拳道比赛中获奖，袁老师把她获奖时拿着奖状的样子拍下来发给她的父母看。小张同学在学校的书签评比中获奖，袁老师就把她的书签作品拍下来发给她的父母……

第十一章　如何评价学生

班级学生评价是班主任工作的又一项重要内容，也是提高班级管理和教育水平的重要手段。

一、评价学生的原则与程序①

随着人们对学生发展和教育评价认识的深化，有关学生评价的目的、类型、原则、方法及其操作程序处在不断的探索和变化之中。目前来看，评价学生的主要原则有以下几点。

（一）倡导以学生发展为本

传统的学生评价注重评价的竞争、比较、筛选功能，因此往往更多地把关注的焦点集中于学生过去或即时的状况或表现上。与此不同，以发展为本的学生评价更加关注学生可能的内在潜能，因而特别重视评价的动态性、层次性、差异性和多样性。

◇ 案例分享

小脚丫

我希望这双脚，能穿上皮鞋、高跟鞋，也能穿上跑鞋；

能撑住自信的脊梁，也能承载谦逊的弯腰；

① 扈中平主编:《现代教育学》，高等教育出版社2000年版，第361页。

能走上领奖台，慷慨激昂，也能站在灶台旁，锅碗瓢盆叮当响。
它的周围，还会有好几对脚丫；
会享受领先，也许还要反思落后；
我希望他们，每一步都稳稳当当。
（宁波大学虞健超供稿。）

案例分析 以上案例用小脚丫来比喻学生，充分展示了每个学生的不同特点，体现了以学生发展为本的评价观。以学生发展为本的评价观，能推动教师从全面和谐的发展角度进行评价，运用多元化的评价方式，挖掘每一个人的内在潜能，用发展的眼光公平对待每一个成长中的个体，使其健康、愉快地成长，使其最终成为学会学习、学会生存、学会发展、学会与人合作的完整的人。

（二）注重质性评价

随着量化评价方法的广泛应用，通过各种量化指标特别是考试分数来界定学生的表现，曾一度成为评价科学化的一种定式，以至于出现了将学生的思想、品行状况转化成分数的做法。鉴于对过度量性评价的反思，学生评价开始重新关注建立在观察、访谈、体验等基础上的质性评价方式，突出学生作为完整的、真实的、具有生命力的存在体的意义。美国学者韦伯（W.Weber）将传统意义上的书面测试性评价与注重情景的真实性评价作了简要的区分，颇有启发。①

① ［美］Ellen Weber 著：《有效的学生评价》，国家基础教育课程改革促进教师发展与学生成长的评价研究项目组译，中国轻工业出版社 2003 年版，第 216 页。

传统评价与真实性评价的分野

	传统评价	真实性评价
评价工具	教师自编的小型测验；教师提供教条式的正确答案；辅助学生记忆的工具；正规的、标准化的测验工具。	多种评价方法；多种形式的奖励；具有包容性的答案；激活学生知识的多种途径；重视现实问题的解决。
评价结果	学生容易遗忘所学知识；评价不能反映学生的天赋和能力；学生仅对孤立问题作出反应；评价与学生课外生活无关；竞争使学生处于敌对状态；学生消极、被动地对待学习。	学生获得真实世界的知识；评价结果反映学生的天赋和能力；知识与课外生活相联系；学生可以利用知识解决问题；合作的学习方法，激发学生的学习动力；激发学生的求知欲和探索意愿、能力。

（三）强调多元评价

学生的个性是多元的，智力分布也是多元的，因此以知识学习为单一的评价标准不利于学生的发展。多元评价是发现学生、尊重学生，实现个性教学的有效手段，我们要建立科学的教育评价机制，发现每一个学生的特长，树立每一个学生的信心。当每一个孩子都真切地受到尊重之时，也正是教育开始之时。

◈ 案例分享

白卷六十

1941 年，我的同学谢邦敏参加毕业考试。谢君素喜文学但数理化成绩欠佳。当他进入考场时，展开物理试卷一看，顿时目瞪口呆，竟一题也答不出，白纸对晴天之后，只得交白卷。但心犹不甘，乃当场填词一首，调寄《鹧鸪天》。词曰：

晓号悠扬枕上闻，余魂迷入考场门。
平时放荡几折齿，几度迷茫欲断魂。
题未算，意已昏，下周再把电磁温。
今朝纵是交白卷，柳耆原非理组人。

物理教师魏荣爵先生评卷时，也在试卷上赋诗一首，诗曰：

卷虽白卷，词却好词。

人各有志，给分六十。

按南开校规：主课一门不及格且补考仍不及格者，不得毕业，只作为肄业。谢君物理获六十分，乃毕业，考入西南联大，攻法律。新中国成立后被任命为第一刑庭庭长，成绩斐然。

我想，该不会有人责之魏老师竟然给分六十吧？殊不知这六十分却使人才不致埋没。至此，我不得不写一笔本不需累赘的事，魏老师在南开教学水平之高，教学态度的严谨是有口皆碑的，绝不是不负责任的胡乱评分的人。

（王铨：《评卷的魄力》，摘自商友敬主编：《过去的教师》，教育科学出版社 2007 年版，第 107 页。）

讨论 谈谈你对这个案例的理解。

◈ 案例分享

通过评价帮助学生成长

小欢因为先天生理缺陷，平常反应总是显得有些迟钝，学习接受能力也要慢一些。所以即使小欢每天都认真听课，努力学习，他的成绩还是非常糟糕，几乎所有学科的考试成绩都不及格。小组成员捆绑式评价一实行，和小欢一个小组的同学就不愿意了：其他同学有成绩不好的学科，但也有成绩好的学科为小组加分，而小欢可以说是全面拖后腿，严重影响了小组的整体评价。如此一来，没有一个小组愿意接纳小欢。这让他非常难过，感觉自己像是被班级抛弃了。怎么办？

蔡丹老师找到班上整体实力最强的小组，跟组长商量，让小欢作为预备组员加入他们组，并单独对小欢进行评价，得分不计入该组的小组考核。只要不参与小组评价，大家还是不排斥小欢的。但是，这种安排并非长久之计，容易让小欢游离于集体之外，伤害他的自尊心。蔡老师紧接着就召开了班委会，讨论修改评价细则，特别提出学习有进步也应该加分。

小欢虽然学习基础不好，但他是一个非常好学的孩子，也很听老师的话。修改了评价细则后，蔡老师特意找小欢谈心，告诉他："你只要肯努力，能进步，'进步分'也能拿不少。即使分数没有别的同学高，你也一样能给小组加分。你愿意试试吗?"小欢高兴地答应了。另一边，蔡丹又私下叮嘱其小组里的其他成员，请他们在学习上多帮助小欢。每当小欢有了一点点进步，大家都会夸奖他，为他加油鼓劲。

慢慢地，小欢各科的成绩都有了一些起色，虽然进步不是很明显，但是对他来说已经难能可贵了。每次考试，小欢都能获得不少"进步分"，这让他非常开心，也逐渐树立起了自信心。一段时间后，蔡丹觉得时机已经成熟了。于是，她又跟组长商量："小欢在小组这么久，你看他平时老老实实的，完全不会被扣分。虽然他的学习成绩不好，但是在大家的努力下，他一直都在进步。他进步了之后，也可以给小组加分，这样其实就通过其他的方式为小组赢得了荣誉。我希望你们小组郑重考虑一下，把小欢转为正式组员。"这个时候，让小组成员接纳小欢不再是一件难事。小欢终于找到了"组织"，可以在集体的土地上种植、收获了。

（陈建军、刘玉琴:《给发展找一个支点——新锐班主任蔡丹对游戏化评价方式的探索》,《新班主任》2019 年第 11 期。）

讨论 你还记得老师曾经对你的评价吗？你对此评价有什么看法？

二、学生评价之操行评定与"三好生"评选①

操行是指学生的思想品德的表现。操行评定就是班主任对学生一学期（或一学年）来的思想品德发展变化情况的评价。操行评定一般采用评语方式，有的还要评定等级（如评优、良、中、劣）。在对学生操行进行评定时，学校为了表彰先进、树立榜样，更有效地对学生进行正面教育，还普遍评选三好学生。

---

① 王道俊、王汉澜主编:《教育学》，人民教育出版社 1999 年版，第 544 页。

操行评定与三好生评选，是学校对学生进行教育的重要方法。它有助于学生了解自己的思想品德表现、优点和缺点，明确努力方向，扬长避短，继续上进；有助于班主任和学校更好地了解学生和教育学生。所以这也是班主任必须做好的一项工作。

为了做好操行评定，班主任在日常教育工作中要注意积累每一个学生的思想品德表现的材料；在评定前，必要时可征求有关教师和团队干部的意见，还可以让学生对自己的操行做自我鉴定以供班主任参考；然后由班主任考虑学生的实际表现写出操行评定。中小学生的操行评语不宜由学生小组或班级讨论通过。

操行评语要实事求是，抓主要问题，有针对性，能反映学生思想品德的全面表现和发展趋势；要充分肯定学生的进步，适当指出他们的主要缺点，指明他们努力的方向，不可罗列现象、主次不分；文字要简明、具体、贴切，使人一看就明白并能接受，切忌空洞、抽象、一般化，严防用词不当从而伤害学生感情、造成家长的误解。总之，评语要富有教育意义，使学生看后既有所触动，感到自己的不足，又能看到自己的优点与希望，振奋起来，努力向上，而不是愤愤不平或更加消沉。

三好学生评选，首先要坚持“三好”标准。既不能以成绩好代三好，也不能以品德好代三好，品学兼优而体育成绩不合格者也不应评三好。只有严格要求才能促进学生德、智、体等全面发展。其次要客观公正，发扬民主，应由学生推荐和讨论，并征求任课教师和团队干部意见，然后由班主任认真研究决定，班主任不可徇私偏爱或一手包办指定。这样，才能富有教育意义，具有激励作用。

三、评价方案之真实性评估①

真实性评估（authentic assessment）测查的是学生解决问题时运用的技能和知识。好的真实性的评估能够加强并促使学生展示他们知道些什么。尤其是

① ［美］斯滕伯格、威廉姆斯著：《教育心理学》，张厚粲译，中国轻工业出版社2003年版，第486—488页。

真实性评估能够提供良好的机会，使那些在客观性测验和论文式测验中表现不佳的学生，能够充分展示他们的才华。目前，我国中小学真实性评价常用的方法是档案袋评估法。

（一）“档案袋”的意义

档案袋（portfolio，综合考评袋）是一种真实性评估，也是一种在学生的学习和发展过程中给学生提供帮助的教学方法。档案袋用于收藏学生作品，这些作品展示学生在某一领域或几个领域的能力、努力程度、成就和成长。档案袋是学生作品的自选（也包括教师建议的作品）、教师挑选或师生共同选择的材料，它应该包括有关学生设定的目标和为达到这个目标取得进步的陈述。柯林斯（Collins）建议，教师应该界定档案袋包含的内容的类别，同时也应该允许学生自由选择每一种类别中包含的确切内容。为了反映学生的成长，当学生学习的课程、学期变化时，档案袋的内容也可以随之发生变化、改编。通常为了评估学生的进步，规划他们未来的目标，给学生的一个任务就是反省他们档案袋中的内容。

（二）档案袋的制作

使用档案袋评估指导学生，在制作档案袋时学生应该承担主要责任。要鼓励学生把能够反映他们自我反省、改进以及从批评中学习的能力的所有作品收进来。档案袋应该包括学生在完成这门功课的过程中参与的各种不同的活动（如实验报告、读书笔记、外语故事）。学生必须理解，他们的档案袋不应该包括他们做过的每一件事情，而是涉及几个领域的代表性的工作。

任何类型的学习都能够成为档案袋的基础。档案袋评估的优点之一是它能够促使学生产生并发展自尊心，当收集的作品不断增长，当作品被收集并展示，成就感会自然而然地产生。另外，学生的档案袋展示了学生工作取得的进步，学生会受到鼓励，从而帮助学生建立了信心。鉴于这些优点，专家型教师在学生评估中结合使用了档案袋评估技术。如果这些档案袋是以课堂为基础，而不是仅作为对学生的大型测试和评估而孤立、拼接的，那么作为一种评估方法，运用档案袋是最有效的评估办法。

第十二章　如何帮助特殊学生

特殊儿童是指在智力、感官、情绪、身体、行为或沟通能力上与正常儿童有明显差异的儿童。特殊需要儿童是从教、学的角度来考察儿童的个别差异，在强调儿童个别差异的基础上更加关注那些与教学有关的、具有教育意义的个别差异因素。

一、学习障碍学生的教育①

一些儿童既存在某种缺陷，同时又在某些方面有较高的表现，有时候甚至在某些特殊的学业上有非常突出的表现。面对这种现象，教育者、科学家和家长希望找到一种诊断性术语，能把这些儿童和那些在所有的学科和其他方面表现都较差的学生区分开来。于是提出了一个新的概念——学习障碍。

（一）对学习障碍的定义

当一个儿童在某个特定的学科上的表现与其整体的智力水平相比明显要差时，就被诊断为学习障碍（Learning Disabilities，LD）。虽然这种障碍一般在儿童时期表现出来，但是它们可能而且往往会持续一生。另外，还有人把学习障碍定义成：个体不能够掌握学校学习所要求的一些重要的学习技巧，如阅读、拼音、数学、交流或者是社会技巧的现象。比如，一个中等IQ分数的儿童在阅读技巧上非常差，就会被诊断为阅读障碍（Reading Disability），阅读障碍现在被认为是最普遍的一种学习障碍。

---

① ［美］斯滕伯格、威廉姆斯著：《教育心理学》，张厚粲译，中国轻工业出版社2003年版，第157页。

（二）班主任对学习障碍学生的帮助

1. 班主任要理解学习障碍是特定的

班主任必须认识到，有学习障碍的学生与普通的学生在智力上往往没有什么差别，他们不存在智力上的落后。事实上，即使一些天才学生在某些特定的方面也会存在学习障碍，目前有些学校已经启动了一些特殊的项目来教育这些双重特殊的（twice-exceptional）学生。因此，教学策略应当与特定的需要相联系，比如帮助一些有阅读障碍的学生提高音韵意识（即理解字母和它们发音之间的匹配）。

2. 教授学习策略，并鼓励学生进行计划和监督

和智力落后的学生一样，有学习障碍的学生在他们的学习和问题解决的过程中很少使用有效的策略。班主任要解释并强调学习策略的使用，以保证有学习障碍的学生能够理解并将这些策略付诸实施。这些策略会提醒有学习障碍的学生逐步学会思考自己正在做什么，而且用哪种途径能够使问题解决得最好。

3. 增强自尊并提高学习动机

教师要注意提高有学习障碍学生的学习动机。这些学生一般缺乏自尊，并且认为他们在学校中是失败的。班主任应该帮助这些学生认识到，成功和失败不是某个人所不可避免的结果，而是所使用的策略、方法和工作量的结果，并且强调要将个体现在与过去的成绩相比较，而不是与其他人相比较。对于有学习障碍的学生，教师的热情非常重要。

4. 帮助学生发现他们学习上的优势，并使用这些优势来弥补他们的弱项

班主任帮助学习障碍学生提高他的弱项时，要利用他们的优势。比如，可以使用数学知识来计算某个球队的得分和赢球的比例。

◇ 知识链接

学习障碍

1963 年，在芝加哥举办的特殊儿童家长研讨会上，Kirk 提出了“学习障碍”这一术语。

在《残疾人教育法》中，学习障碍被定义为：一般而言，“特殊学习障碍”是指在理解和使用语言、说话或写作过程中所涉及的一个或多个基本心理过程存在障碍。障碍可能表现为在听、思考、说、读、写、拼写或者数学计算方面能力的不完善。学习障碍包括知觉障碍、创伤性脑损伤、轻微脑功能失调、失语症和发展性失语症，不包括由于视觉、听觉、运动障碍、智力落后、情绪障碍或者环境、文化、经济的不利因素所造成的学业问题。

全美学习障碍联合委员会认为：学习障碍是一个概括性的术语，涉及一系列异质性障碍，表现为在习得和运用听、说、读、写、推理或数学能力方面存在显著性的困难。这些障碍对个体来说是内在性的，且被认为是由于中枢神经系统功能失调造成的，而且有可能发生在生命的各个阶段。自我规范行为、社会认知、社会互动方面的问题常常与学习障碍同时存在，但是这些问题本身并不导致学习障碍。

虽然每个时期对于学习障碍的定义不尽相同，但是这些学习障碍的定义中都有一些关键的部分，即至少是接近正常的智力；学业成绩和潜能间的极大差异；排除了诸如智力缺陷、情绪障碍、知觉障碍、文化差异或者缺少学习机会等因素；中枢神经系统的功能紊乱。

有学习障碍的青少年一般组织能力较差，注意力不集中，在口头及书面语言的处理加工上有障碍，有较低的自尊心与社交能力。另外，有学习障碍的初中生要比健全学生更容易经历学业失败甚至退学。有报告指出，有学习障碍学生的辍学率在28%—56%。

（林潇潇、邓猛：《美国学习障碍学生的转衔及对我国特殊教育的启示》，载《中国特殊教育》2014年第3期。）

二、注意力缺损多动症学生的教育①

注意力缺损多动症（Attention Deficit Hyperactivity Disorder，ADHD）指的是那些注意力上有问题、好冲动和活动过多的儿童，也称为多动症儿童。这些儿童很难集中精力去做一些事情，如很难集中精力听教师的话，在行动之前经常缺乏考虑，并且出现太多的身体运动。对于轻度的多动症患者，一般通过综合咨询和特殊教育帮助进行治疗；中度和重度患者要结合行为干预和刺激性的药物进行治疗。即使是最出色的教师，可能也会发现对这些有多动症的学生进行教学非常有挑战性。下面这些技术对班主任可能会有所帮助。

（一）仔细安排教室布局

那些有多动症的儿童坐得离门、窗等可能带来干扰的地方越远越好。让一个有多动症的儿童与一个成绩好的儿童坐在一起可能比较好。多动的儿童可能很难按照安排坐好，小学教师可能需要通过在某些地方或物品上标上不同的颜色或其他标记对教室进行布局，还要帮助学生建立起自己的组织系统。

（二）结构化的活动

如果多动症儿童不知道下面将要发生什么事情，他们可能会非常没有耐心。要形成这样一个惯例，即让这些学生知道下面要做什么。另外，教师要讲清楚这些规则，有时还要贴出提醒的记号。

对于那些容易对惯例感到疲乏的学生，教师应当提供一些违反常规的活动。如果站着能够帮助学生更好地集中注意力，那么教师就可以允许学生站到教室的后面去。使用这些方法时，要保证不会干扰到其他学生。

（三）帮助学生集中注意力

一些教师会设计一些个人暗号，来帮助这些学生将注意力重新拉回到课堂

---

① ［美］斯滕伯格、威廉姆斯著：《教育心理学》，张厚粲译，中国轻工业出版社 2003 年版，第 157 页。

中来。比如，教师在经过某个学生的座位时轻轻拍拍他的肩膀，让他认真听讲；在开始说话之前拍拍手或者竖起食指，会提醒所有的学生集中注意力，但是拍手要尽量少用，否则容易失去效果。

（四）帮助学生更清楚地意识到自己的行为

步骤列表、目标行为图谱以及清晰的反馈，都会帮助多动症的学生更加清楚自己在做什么以及他们的行为是否符合情境的要求。

（五）提供使用剩余能量的机会

小学的教师可以安排一些活动课，消耗学生剩余的精力。比如，可以在自然科学课上设置“探索中心”，语文课上也可以让学生进行一些表演。

◈ 案例分享

班级里有一位学生，叫李小哲。平时上课调皮捣蛋不爱听课，还经常影响到周围的同学，作业也是一团糟。平时班主任钱老师对他总是大呼小叫、声嘶力竭地进行教育，其他任课老师也很头疼。我的师傅有段时间出去出差，回来带了很多糖，她出差回来的第一节课在班级里宣布：谁上课举手回答问题多，下课就可以奖励一颗糖。结果那节语文课，本来不爱听课、开小差还会影响别人的李小哲同学回答问题特别积极，而且回答得都很精彩，被师傅当堂表扬了好几次。后来几天的语文课，我的师傅都和他约定好，只要他上课能积极举手发言，就奖励他吃一颗糖。如她所料，李小哲上语文课非常乖，甚至比很多爱思考的同学回答问题更为积极、更精彩。我的师傅每次上完课都会在办公室里骄傲地感慨：“一颗糖就让李小哲这么乖巧听话哦！厉不厉害！”其他老师也觉得很神奇，一颗糖产生的效应竟能让他有超出大家想象的转变，就连班级里的同学也纷纷在周记里记述了李小哲同学的巨大进步，还表示要向他学习。

讨论 你们觉得引起李小哲改变的是糖吗？

三、情绪和行为障碍学生的教育①

情绪和行为障碍（Emotional and Behavioral Disorder，EBD），即行为表现与情境不适合或者是持久的消极情绪，以至于影响儿童的学习，并且这些现象不能够用智力、感觉或健康因素来解释。

行为障碍可以分成两个主要的类型：内向型（Internalizing）和外向型（Externalizing）。内向型行为障碍表现为害羞、退缩或者抑郁。学生可能会表现出害怕、担心、兴趣淡漠、伤心，或者过度的自我意识和过度的自我批评。他们可能会逃避参与各种团体活动，或者表现为全神贯注或者注意力不集中。除非这种行为现象影响了学习成绩，否则教师一般很难注意到学生有这种行为障碍。与内向型行为障碍的儿童相比，外向型行为障碍的儿童可能更容易引起教师的关注。因为他们总是带来干扰，不遵守纪律，甚至公开与教师作对。这些学生还可能出现一些非法和自残行为，如撒谎、偷窃和打架，他们可能会攻击其他学生或者破坏学校设施。外向型情绪障碍中有一种类型被称作品行障碍（Conduct Disorder），指的是“明显地影响到他人权利的反社会行为模式”。有品行障碍的学生经常有攻击性，甚至有时候动手打教师或其他同学。他们不遵守纪律，经常违反规定。如果不进行干预，他们也许会走上犯罪道路。

预防和矫治学生的不良品行是班主任工作的重要职责。对于品行不良的矫治，既需要班主任从多角度着眼，从细微处着手，做到循序渐进，又需要班主任抓住问题关键之所在、把握教育时机，灵活运用多种教育策略。班主任应随机应变，在班级管理实务中，促进学生不良品行的转化，主要教育策略有以下几种。②

（一）立场转变策略

立场不同，观点不同，工作方法便相异，工作实效也可能大相径庭。班主任要设身处地、将心比心，多一些理解和宽容，用多把尺子评量学生。

---

① ［美］斯滕伯格、威廉姆斯著：《教育心理学》，张厚粲译，中国轻工业出版社 2003 年版，第 157 页。
② 扈中平主编：《现代教育学》，高等教育出版社 2000 年版，第 359—360 页。

（二）态度改变策略

在通常情况下，具有不良品行的学生对于管教、训斥，已经习以为常，大都会报以抵触情绪或无所谓的态度，对教师本人也会心存芥蒂。态度转变策略就是要立足于让他们转变对人、对事的态度，包括对老师的态度、对问题或事件的态度、对教育行为的态度等。

◈ 案例分享

小唐是班里最淘气的孩子。有一次，他又和同学小钱打架了。因为小唐脚受伤了，下楼时楼道拥挤，小钱不小心踩到了小唐的脚。小唐忍不住发怒了，想用凳子砸小钱。

班里闹腾起来了。班主任丁老师来了，她先鼓励小唐把自己的想法说出来。等小唐说出事情发生经过后，丁老师说："看来是没有控制住自己的情绪，也难怪，这么痛，要是丁老师的话可能也控制不了。来，我先帮你去涂点药止痛吧。"之后就把小唐带进了办公室（这是为了缓和气氛，并让孩子感到老师的关心）。在办公室里，丁老师说："现在，小钱被你吓得落荒而逃了，同学们都还以为你发疯了，可怜的凳子也被你砸坏了，怎么办呢?"（问这些的目的在于让孩子考虑事情的后果，自己思考解决问题的方法，学会对自己做的事负责。）停了一会，丁老师说："小钱和同学们那里老师帮你去解释一下，但这个凳子我帮不了你。"（老师给了学生一个缓冲的台阶，也让孩子感受到"老师是他坚强的后盾"。）最后丁老师问小唐："下次遇到类似的情况，你该怎么办?"小唐沉默了一会儿说："不能拿东西砸人，要控制脾气。"

（宁波大学周倩霞供稿。）

案例分析　在本案例中，丁老师通过运用态度改变策略，成功帮助小唐完成了对事件和同学的态度转变。首先，在突发事件面前，丁老师并没有立刻指责小唐，而是秉承了客观性原则，理性地给了小唐解释的机会，并且不加臆断地相信他。其次，丁老师还考虑到了小唐可能存在的身体疼痛，优先帮助他处理伤口。以上措施既稳定了班级秩序，又以理解和关心安抚了小唐激动的情绪。在此之后，丁老师把握了处理突发事件的教育性原则，没有忘记通过事件回顾来帮助小唐认识到自己的错误，并引导他进一步思考解决的方法。总体来说，亲切温和的关心是校园关系中的缓和剂，适当的帮助给予学生自我解决问题的台阶，循循善诱的发问让学生反思自己的过失，多方支持相辅相成，共同促成了小唐对事对人的态度转变。

（三）兴趣转移策略

对于多数具有不良品行的学生来说，迷恋某种不当活动，秉持某种不良习气，出现某种不良行为，多为常态。班主任如果专注于此，教育行为便会裹足不前。事实上，每个学生都有自己的优点和潜质，或者在某个方面有其闪光点。兴趣转移策略就是指班主任要善于发现和发掘他们的长处，捕捉他们身上的亮点，鼓励他们从事或参与有利于健康成长的活动，形成积极的学习品性和有意义的兴趣领域，由此转移他们的注意力和精力，并将其长处朝着积极正面的方向去表现，化消极因素为积极因素，从而帮助他们逐渐从不良习气中摆脱出来。

◇ 案例分享

“混江龙”的改变

下学期开学，我了解到新接手的班里“双差生”不少：某某好讲“哥们儿义气”，没有上进心；某某逞强好斗，是班上的“拳击能手”；还有某某喜欢搬弄是非；某某一肚子歪点子，专和老师“对着干”；至于某某则是学生中结伙行动的头儿。我在脑子里为这些同学排着队，心里琢磨着：这些人能量大，如果不走正路，确有一定的破坏性，个个都是“混江龙”。再想起，如果引导得法让他们在适当场合释放能量，说不定能唱出一台好戏，做出一番好事来。

正值国庆节，我有意把这几个同学组织起来。经过我的“量体裁衣”

和同学们“公议”，决定在班上组建一个“醒狮队”，目标是国庆上台公演。这个计划一公布，同学们个个来了劲儿，特别是上面提到的那几个“吵客”，更是热心。他们每天训练，常常磨破裤腿、汗流浃背。三个星期后，一个像模像样的舞狮队出现了。在国庆节庆祝活动中，他们赢得了热烈的掌声。掌声唤起了他们的自尊，他们开始感到自己在集体中的存在，第一次见到了闪光的自身正面形象。后来，这些同学不但喜爱文娱活动，而且遵守纪律，成绩不断提高，变得成熟懂事起来。

（欧阳炳焕、徐书云主编：《班主任的锦囊妙计》，湖南师范大学出版社 1991 年版，第 73—74 页。）

案例分析 在以上案例中，班主任敏感地捕捉到了“混江龙”们的特点——能量巨大，并意识到当这种能量释放在课堂当中或同伴身上时，可能造成极大的破坏，但如若引导学生把能量释放到正确的地方，则会带来意想不到的惊喜。看似不经意的“量体裁衣”和同学们的“公议”环节使得“醒狮队”的组建具备了合理性，也让“混江龙”们感受到了来自老师和同学的关注和期待，同时舞狮活动也符合他们的兴趣爱好，在这样的多重驱使下，学生勤奋练习成了情理之中的事。热烈的掌声更是十分有力的正强化，这既让学生知道自己之前付出的努力是值得的，也唤醒了学生的自尊，增加了他们的集体意识。由此可见，正确运用兴趣转移策略可以帮助学生化消极为积极，让他们走出不良风气，走向更好的自己。

（四）关系人互动策略

对于学生来说，老师和同学自然是他们在班级中最直接、最密切的关系了。对于多数具有不良品行的学生来说往往并非如此，他们在班级中往往受到冷落、孤立，甚至被排斥。这种处境固然直接源于他们的不良品行，但也与他人的不友善态度和不当言行密切相关。关系人互动策略的核心就是要设法通过各种教育活动增进品行不良学生与班级其他成员之间的相互联系、沟通、理解、接纳和协作，让他们能融入班级群体生活，真正成为班级中的一员。

◇ **案例分享**

我实习所在的班级中有个“坏孩子”。他脾气很差，情绪容易激动，非常暴力。他经常和同学发生冲突，还会打其他同学。我实习的第一天，师傅跟我介绍了他的情况，还给我看了他打自己母亲的视频。师傅让我不要管他，对他的事情进行冷处理。

后来我发现班里大多数同学都是不和他接触的。在一次打闹之中，老师向我透露班级曾经在“坏孩子”不在的时候开过一次班会。班会中有同学指出只要不去招惹他，就不会被他打。而那些会被他欺负的同学往往都是会和他接触的人，所以只要不跟他接触就没事了。此后班级里形成了一个潜规则：谁都不搭理“坏孩子”——好像他根本不存在似的。

我试着接触他，常跟他聊聊天，说说话。有一天他突然跟我说：“我只是想有个人能陪我玩。”相似的情况还有一次，在课间操之前他又和一位同学发生了矛盾，为了防止他一路上时不时地打闹，我握住了他的手，他愣了一下，好像突然温柔起来，对我说：“学校里从来没有人牵过我的手，我没有朋友。”

（宁波大学沈晶供稿。）

案例分析　像以上案例中出现的有暴力倾向的“坏孩子”并不少见，当强硬管教不起作用时，冷处理看起来起码是省时省力的捷径。然而这样的冷处理对于孩子的伤害是巨大且深远的，当失去了与老师、同学之间的联系时，被孤立的孩子能够更加敏感地捕捉到来自周围的冷落和排斥，从而滋生出更多的逆反情绪。案例中的“我”做出了与其他人截然不同的行为，通过常常与那个“坏孩子”聊天了解到了他对朋友的渴望，通过握住他的手，让“坏孩子”感受到了意外的温暖。教师的言行举止对学生的影响是超乎想象的，一丝温暖、一次理解看似简单，却蕴含深意。教师可以借助言语、行为等形式，运用各类显性、隐性的教育活动主动帮助不良学生改进与老师和同学的关系，使他们感觉到自己是班级中的一员，才能有利于他们下一步的健康成长。

第十三章　如何应对突发事件

班级突发事件是指班级中突然发生的，预料之外的不良事件，比如学生之间的冲突、学生与老师的顶撞、学生突然的情绪表现等。由于事出突然，老师与学生事先都没有思想准备，也往往没有充裕的时间仔细考虑处理对策。因而，突发事件往往都是棘手的事故，而处理这些事情恰恰是老师（特别是班主任）不可避免的工作。突发事件处理得好，可以迅速平息事端，将不良影响降到最低，有效地提高教师的威信，增进师生之间的感情；一旦处理不当，极容易使事态恶化，导致师生之间产生矛盾冲突，甚至发生难以挽救的恶性事故。因此，如何处理好班级突发事件是每位班主任必须思考的问题。

一、突发事件的特点

（一）突发性

突发事件总是突然之间发生，发生在什么场合、什么时间、谁的身上、表现怎样，班主任都难以预料和防止。突发事件总是人们意想不到的事件或是突然发生的紧急情况，需要在最短的时间里灵活应变，临场机敏地应付和平息、抑制事件的发展，否则问题就会越来越复杂，后果也会越来越严重。

（二）危害性

突发事件往往是不好的情况。有的涉及个别人，有的关联整个集体。突发事件往往对当事学生甚至是所有关联的学生产生不良的影响，损害学生的身体、心理、精神和思想品德，有的甚至会产生意想不到的严重后果。这种不良后果可能会使班级产生震荡，引起全体学生或大多数学生的负面反应。

（三）不确定性

引发突发事件的原因是非常复杂的，往往是不确定的。班级突发事件可能是由学生认知、情绪及心理状态等内部因素引发，也可能是由教师的教育方式、学生的人际关系等外部因素所造成。总之，引起突发事件的原因是难以确定的。

二、班级突发事件的类型与内容

小学生年幼无知，思想情绪不稳定，应对变化的能力较差，因此在他们的学习生活中容易发生突发事件。这些突发事件大致可分为以下几种。[①]

（一）生生型——同伴之间发生的冲突事件

（1）吵架打架。这是学校里常见的现象，它往往由同学之间的矛盾激化而引发。

（2）财物盗窃。小学生的财务盗窃也不少见，多属于“小偷小摸”的行为。

（3）恶作剧。小学生因为不成熟，淘气、调皮、不懂事，往往容易做出戏弄同学、拿同学取乐的事情。

（二）师生型——师生之间发生的冲突事件

（1）言语顶撞老师。无论是在课堂上还是在课外活动中，教师处事方式的不当或学生情绪的偏激，往往容易引发学生顶撞教师的事件。

（2）故意捉弄教师。小学生年幼无知，往往为图好玩来捉弄老师。

（三）亲子型——亲子之间发生的突发事件

（1）家庭变故。家庭成员意外伤亡、父母离异等非正常的家庭变故，这些事情对小学生来说是很难应对的。

---

① 李兵:《中小学班级突发事件特点及防范策略》，载《成功（教育）》2013 年第 9 期。

（2）家庭矛盾。家庭成员的争吵（尤其是父母双方的冲突）有时候会引发学生突然的言行、情绪变化。

（四）家校型——家校之间发生的突发事件

在日常生活中，家庭与学校之间发生的负面突发事件主要是家长投诉、家长和老师的正面冲突等。

（五）其他类型

小学生还容易发生一些极端的突发事件，如辍学、离家出走、走失、意外受伤等。

三、班级突发事件的处理原则

如何处理班级内的突发事件，关系到一个班级的稳定发展，也反映出班主任的管理能力。处理突发事件，一看能力，二凭经验。处理突发事件应遵循一定的原则。①

（1）教育性原则。班主任必须抱着教育的目的和心态对待突发事件。班主任应深入了解调查，从动因分析到全面评估，这样才能达到惩前毖后的目的。

（2）目的性原则。处理突发事件目的要明确，不能敷衍搪塞，也不可小题大做。

（3）客观性原则。班主任在处理问题时，要坚持客观性的原则，避免主观随意性导致处理问题不公，从而影响到学生成长和发展。

（4）针对性原则。太宽泛和针对性不强的教育形同虚设，班主任应该在弄清楚事情的性质后再着手解决。用不同的方法解决不同的问题，不能“一刀切”，注意事情不同层面的差别和不同个体之间的差异。

（5）启发性原则。班主任处理突发事件要随时注意启发学生改正错误的自

---

① 刘伟：《班级突发事件处理十原则》，载《教学与管理》2006 年第 1 期。

觉性。班主任在处理问题时不要急于下结论，一定要留有“余地”，调动学生接受教育的内驱力，让学生充分认识到自己所犯错误的性质和危害，诱导他们依靠自身的积极因素去克服消极因素。

（6）有效性原则。教育的关键在“育”，在处理问题时，要注意所采取的方法既不能简单粗暴，也不能主观武断，更不能烦琐而无实际意义。

（7）一致性原则。一致性原则是要求班主任在处理突发事件时一定要顾及学校、家庭、社会环境等各方面的因素。各种因素的力量步调要一致，相互配合。

（8）可接受原则。处理突发事件不可忽视的一条就是看当事双方对处理意见或结果能否心悦诚服地接受，不能强加于人，处理不能流于形式。要让受教育对象从内心深处接受处理意见或结果，认识到错误，进而改正。

（9）因材施教原则。处理突发事件要照顾到学生的个性特点和差异，做到因材施教，因人而异。

（10）冷处理原则。班主任在处理突发事件时不能急于表态和下结论，要弄清楚事件的来龙去脉，过于草率和盲目，往往会使自己陷于被动。突发事件的发生往往会出现极端情况，这时学生十分激动，集体也十分紧张，同学们会十分关注班主任的态度和情绪。所以班主任在处理时，尽量做到态度积极而爱憎不形于色。这也是对学生的一种教育和示范，使他们也养成临急不乱的作风。

进行“冷处理”，首先是降温，要缓和情绪、缓解矛盾，不能粗暴地把学生推到矛盾的对立面，使他们产生抵触情绪，要给学生留点余地，必要时给学生一个台阶的梯子。“冷处理”不是不处理，也不是拖到不能再拖时再处理。突发事件由于事发突然，其发生和发展过程往往不为班主任所了解，因此，班主任要调查研究弄清事实，这对处理好突发事件非常重要。

◎ **案例分享**

失窃事件

一个星期五的下午，第二节课刚下课不久，小瞿急匆匆地跑来哭着对我说："叶老师，我夹在书本中的160元钱不见了。"我让他回教室再仔细找了一次，钱还是没有找到。至此我是又气又急。气的是，我对此类事件的教育从没断过，但班级失窃的事始终无法杜绝。急的是，这事必须在这四十多分钟内解决，否则等下周一就很难查了。

我到教室向全班学生陈述了班级中发生的失窃事件，表达了对此事的愤怒与失望。说的时候，我语气严厉，眼睛不停地在全班同学中逐个扫视。大家大气都不敢出，坐得笔挺，生怕怀疑到自己头上，教室里的气氛从没这样紧张过。

接着，我说了一个连续5次偷窃共得到一百多元而获刑的事例，说这一事例的目的是让学生明白事情的严重性。接着又重点说了一个逃犯在逃八年最终自首的事例，目的是让学生明白逃得了一时，逃不了一世。事情总有水落石出的一天。

然后，我话锋一转，表示这事我相信一定能查出来，但我还是愿意网开一面，给这个学生一个改过自新的机会，只要他能迷途知返，自己把钱放回去，以后不再偷窃，此事一定不再追究。但若不知悔改，让我查出来，这次非严肃处理不可。于是，我给这个学生创造了一个既能将钱安全送回又不为人知的情境：让全班学生在教室旁边一条看不到教室内情况的走廊上排队，一个一个轮流走进教室。

大约有一半学生进去又出来了，一个出来的同学过来告诉我，钱已经在小瞿的课桌抽屉里了，我进去一看，果然在了，悬着的心总算是落了地，立即带着全班学生进了教室。我首先肯定了这种知错能改的行为，并要求大家以此为戒。顺带吹了一下牛："早就知道是谁，就是想给他一个改过的机会。"边说边在几个重点怀疑对象身上"扫描"，一个男生的脸红了一下又转瞬即逝。但事实上，至今我也不能肯定是谁拿的，也未去求证过。我想，或许这才是最好的结局。

此事以后，原来很猖獗的失窃现象在班内销声匿迹，再也没有学生来告状说有东西丢失了。屡禁不绝的班级失窃现象为什么会在此事以后销声匿迹？由乱到治的背后有什么成功秘诀呢？

（叶正辉：《从一件突发事件谈班级失窃现象的处理艺术》，载《思想理论教育》2013 年第 5 期。）

讨论 1. 该案例中班主任做得好的地方有哪些？

2. 该案例中班主任做得不好的地方有哪些？

3. 你能想到解决“班级失窃”的好办法吗？

案例分析 在本案例中，教师通过运用各项原则，成功解决了失窃事件，还利用事件对学生进行了深刻的思想教育。首先，教师未过分注重抓住行窃者，而是意识到要通过偷窃事件帮助学生树立正确的是非观，这充分体现出突发事件处理的教育性原则。其次，教师践行了启发性原则，巧妙地结合其他偷窃事例，使学生意识到偷窃行为的严重性，还启发当事学生改正错误的自觉性。最后，教师遵循了有效性原则，用匿名化的处理方式巧妙地维护学生的自尊心，使失窃事件顺利解决。由此可见，教师在面对突发事件时要以学生为中心，遵循各项科学原则，将突发事件的教育功能发挥到最大化。

◇ 案例分享

“你真贱”

如果你听到学生对你说“你真贱”，你的第一反应会是什么？愤怒、生气或许会是大多数老师的第一反应，甚至有些人会冲动地打骂学生。然而，我却因为这句话而收获着、感激着。

事情发生在上周五最后一节班会课中。在分发白纸给学生写自己想竞选的班干部岗位时，却发现没有可用的白纸。突然想起去总务处领本子的时候，发现学校多出一些，于是就向总务处的老师多拿了几本，好送给孩子作奖品，没想到现在就派上用场了。我逗趣地对同学们说：“这样吧，前几天去领本子的时候，我‘偷偷地’多拿了几本，想着可以作为奖品给你们，今天就先用掉一本吧！”我刚说完，安静的课堂上突然一个声音响起：“你真贱！”教室里顿时开了锅，孩子们齐刷刷地转向了声音的“发源地”——张健（化名）。乍一听，我也吃了一惊，可是直觉告诉我这个孩子并不是想骂我，脑海里突然蹦出一个想法：得拿这个“贱”字好好“做文章”。于是，我淡定地看着孩子们的各种反应，微笑着问：“孩子们，你们为什么这么看他啊？”

“老师，你是为我们好才偷偷拿的，他怎么可以骂你呢？”有孩子迫不及待地替我声讨他。此时的张健满脸通红，连忙为自己辩解说：“老师确实为我们好，可是我一下子脑子短路了，也不知道用什么词，就这么脱口而出了。”

“哦？原来是这样！是啊，我们中国的汉字确实趣味无穷，有时用在这个地方可能是褒义的，用在另一个地方却又会变成贬义的呢！你说说，其实你真正想表达的是什么？”我笑着继续问。

或许是因为见我没有生气，张健不再紧张，站起来清了清嗓子说：“其实我觉得您不应该偷偷拿，您应该向总务处的老师实话实说，就说您想多拿几本当奖品就行了嘛！”哦，这孩子，原来他心里有一杆秤——不能偷拿公家的东西。

“你们觉得呢？”我微笑着问大家。

短时间的沉默后，同学纷纷说：“虽然老师是为我们好，但是我觉得张健说得对。”学生探寻的目光再一次齐聚到我这里，我想该总结了：“老师也觉得张健同学说得没错，而且看得出他是一个非常诚实的孩子。他敢于表达自己的观点更是难能可贵。老师这样做确实不对，我要向大家说声对不起。”看着孩子们从惊愕到指责再到赞许的表情变化，我话锋一转：“从你们刚才听到这话时发出的惊讶之声中，我还听出了另外的意思。是不是觉得张健不应该这样说话？”“是的，是的！”孩子们又纷纷点头，有个孩子站起来说：“老师，我妈妈经常对我说，说话要注意场合，不能随心所欲地想说什么就说什么。”“是的，说话也是一门学问。俗话说，‘良言一句三冬暖，恶语伤人六月寒。'"

课后，我收到了张健的一张纸条，上面写着："老师，对不起，我用错了词，其实我很喜欢您的。"看着这张纸条，顿时有一股暖流流淌在我的心田。我给他写了一封长长的信，信中首先表达了对他的喜欢，表扬了他的诚实、勇敢，也感谢他能发现我的优点，最后提出了我们一起努力的愿望。他读完我的信后，我收到了他的回信：

"敬爱的老师：您的信我看了。您用的词真缓和，就像一只刺猬变成了一个小球，一点都不扎人，反而令人感觉舒服。您说您喜欢我，我也喜欢您。您每次说话都很幽默、搞笑，让我们笑着、乐着就明白了许多道理……"

（赵亚丽：《"你真贱"——师爱理念下班级突发事件处理例谈》，载《中小学德育》2015 年第 12 期。）

案例分析 苏霍姆林斯基说过："热爱学生是教师生活中最重要的，没有爱就没有教育。"在案例中教师因为了解学生，所以在面对学生"你真贱"的"责难"时没有直接批评，而是运用教育机智巧妙应对"尴尬"场面。教师因爱学生所以更主动地了解学生，知道学生口中的"你真贱"真正想表达什么，相信学生不会故意出口伤人。教师又因了解学生所以更爱学生，在面对"你真贱"时，教师没有火冒三丈，而是把问题抛给学生，让学生独自学会分析、思考。因为爱，教师更用心地感受学生的世界，用真诚换取学生的真心，用宽容缓解与学生之间的关系，这不仅保护了张健的自尊心，还使其他学生明白诚实的可贵。藏在"你真贱"中的，不仅有爱、宽容和智慧，更有了解与信任。

第十四章　如何开展中队建设

一、少先队的基本知识[①]

中国少年先锋队，是中国共产党创立并委托共青团直接领导的少年儿童的群众组织。

（一）少先队的性质

《中国少年先锋队章程》（以下简称“少先队章程”）中明确规定了中国少年先锋队的性质“是中国少年儿童的群众组织，是少年儿童学习中国特色社会主义和共产主义的学校，是建设社会主义与共产主义的预备队”。

“群众组织”表明少先队组织具有广泛的群众性。根据少先队章程的规定：“凡是6周岁到14周岁的少年儿童，愿意参加少先队，愿意遵守队章，向所在学校少先队组织提出申请，经批准，就成为队员。”少先队既是一个先进性组织，又是一个群众性组织。先进性与群众性之间并不矛盾。先进性并不意味着少先队只是少数人的组织，而缺少群众性的基础，相反，作为一个组织的先进性恰恰是通过群众性来体现的。中国少年先锋队队员入队采取自愿的原则，充分保证了少先队的群众性基础。

“学习中国特色社会主义和共产主义的学校”表明少先队组织具有鲜明的革命性。依据少先队章程的规定：“我们的呼号：‘准备着：为共产主义事业而奋斗！’”少先队从它诞生的那一天起就已经确定了它的这种革命性。

“建设社会主义与共产主义的预备队”表明了少先队的独立自主性。少先队是少年儿童自己的组织，少先队员是少先队的主人。少先队按照民主集中制

---

① 参见劳凯声主编：《教育学》，南开大学出版社2001年版，第330页。

的原则，根据自己的意志选举自己的领导人。少先队章程第十一条规定："队员是少先队组织的主人，在队里都有选举权和被选举权，可以对队的工作和队的活动提出意见和要求。"

◈ 知识链接

少先队知识十知道

一、我们的队名——中国少年先锋队。

二、我们队的领导——中国共产党。

三、我们队的目的——团结教育队员听党话，勤锻炼，爱祖国、爱人民、爱学习、爱劳动、爱护公共财物。

四、我们的队旗——五角星加火炬的红旗。

五、我们的标志——红领巾。

六、我们的队礼——右手五指并拢，高举头上，表示人民的利益高于一切。

七、我们的作风——诚实、勇敢、活泼、团结。

八、我们的呼号——"准备着：为共产主义事业而奋斗""时刻准备着！"

九、我们队的小主人——每一位少先队员。

十、我们队的生日——一九四九年十月十三日。

少先队知识拍手歌

小朋友，拍手笑，队的知识要知道：
中国少年先锋队，党来创建和领导。
红旗一角红领巾，佩戴胸前多自豪。
五指并紧行队礼，人民利益最最高。
诚实勇敢和活泼，团结一心作风好。
十月十三建队日，六周岁入队乐陶陶。
星星火炬照前程，时刻准备把重担挑。
大家都是小主人，光荣传统继承好。

（二）少先队的目的

根据少先队章程的规定，少先队组织的目的是："团结教育少年儿童，听党的话，爱祖国、爱人民、爱劳动、爱科学、爱护公共财物，努力学习，锻炼身体，参与实践，培养能力，立志为建设中国特色社会主义现代化强国贡献力量，努力成长为社会主义现代化建设需要的合格人才，做共产主义事业的接班人。"归纳起来，少先队组织的目的主要是通过开展各种各样的活动，对少年儿童进行爱国主义教育，配合学校与班级组织对学生进行德育、智育、体育等几个方面的教育，对学生进行共产主义的理想教育。

（三）少先队的组织机构

共青团是直接领导少先队的组织。中国少年先锋队全国工作委员会是少先队的最高领导机构。地方少先队工作委员会是各地少先队的领导机构。

少先队基层组织一般建立在小学和初中里，分别设为大队、中队、小队三个组织层级。小队是少先队的第一层级组织，也是最基层的组织，一般情况下由 5—13 人组成，设正副小队长。中队是少先队第二层级组织，两个小队以上的班级可以组成中队。一般情况下中队委员会由 3—7 人组成，设正副中队长。大队是少先队第三层级组织，两个以上的中队可以组成大队。一般情况下大队委员会由 7—13 人组成，设正副大队长。小队长和中队委员会、大队委员会都由队员选举产生，半年或一年选举一次。大队和中队委员会还根据工作的需要，设旗手和学习委员、劳动委员、文娱委员、体育委员、组织委员、宣传委员等。大队和中队分别设辅导员。

二、少先队的活动形式和特点①

（一）少先队的活动形式

少先队的活动形式是多种多样的，根据少先队章程的规定，少先队的活动

① 参见劳凯声主编：《教育学》，南开大学出版社 2001 年版，第 330 页。

形式主要有：举行队会，组织参观、访问、野营、旅行、故事会、开展文化科学、娱乐游戏、军事体育等各种有意义有趣味的活动，以及参加力所能及的公益劳动和社会实践。归纳起来，大致可分为以下几种。

1. 队会

队会是少先队集体活动的重要形式，是全体队员必须参加的集会。队会可以分为一般队会和主题队会。一般队会是讨论和处理少先队生活中的重要问题而举行的，如选举、表彰、制订活动计划、讨论奖励和处分、进行重要任务的动员等。主题队会的特点是围绕一个教育主题来设计队会的内容、程序以及队会前后配合开展的活动。

2. 参观、访问和社会调查

参观、访问和社会调查是引导少年儿童了解社会、认识社会的直观活动。活动的目的是使少年儿童开阔眼界，增加实际感受，丰富感性认识，从而受到教育。应按照教育的要求来安排参观访问和社会调查的内容，如了解祖国的历史，可以参观博物馆、宫殿和庙宇古迹，访问历史学家等；了解光荣革命传统，可以瞻仰烈士陵园、访问革命老前辈等；了解家乡的变化，可以进行社会调查，访问工人、农民等。

3. 游戏

游戏是少儿最喜欢的一种活动。它具有竞争性、趣味性和知识性等特点。少先队的各种活动都是结合少年儿童的身心发展特点以及教育教学规律的要求来进行的。各种各样游戏活动的开展，不仅使少儿开阔了眼界、掌握了知识、提高了思想道德水平，而且增强了少先队在少年儿童群体中的亲和力，使得少先队能够在少儿群体中永远保持旺盛的生命力，成为少年儿童最信服、最向往的一种组织。

4. 少先队的阵地活动

少先队的阵地活动，是指在少先队组织建设的过程中以阵地的形式经常开展的活动。少先队阵地活动的形式有很多，一般情况下可以分为以下四种：少先队活动室、少先队报、红领巾广播站、中队活动角。少先队活动室是辅导员和少先队干部学习与讨论的场所，同时也是对少先队进行教育的阵地。少先队报是少先队的宣传教育阵地。红领巾广播站是向队员进行广播的场所，广播的内容主要包括时事新闻、科技新闻等。中队活动角是少先队进行经常性教育的阵地，活动角一般设置在教室的某一个角落，其中可以陈列各种有意义的图书资料、标本、模型等。活动角一般可设英雄角、友谊角、科学角、卫生角等。

（二）少先队活动的特点

少先队活动作为少先队组织最基本和最主要的工作及教育方式，就其表现形态和功能来说，它一般是指少先队组织根据组织目标及一定的社会需要和少年儿童特点所进行的有计划、有组织的社会实践，它是少先队组织领导的以队员为主体的群众性活动。少先队活动的特点有以下几种。

1. 教育性

教育性原则是少先队教育活动的第一原则。一切活动都是为了达到教育和自我教育的目的。2005 年，胡锦涛同志提出了对全国少年儿童的希望："勤奋学习，快乐生活，全面发展。"少先队活动要有利于少年儿童德、智、体、美诸方面全面和谐的发展，这是培养未来人才的需要，也是少年儿童自身成长和自身发展的内在规律的需要。

2. 自主性

少先队活动的自主性特征也称为主体性特征，是少先队教育活动的基本特征之一。自主性，就是要求少先队员自己出主意、想办法、定计划、做事情，自己管理自己，自己教育自己，做少先队组织的主人。但是，由于少年儿童自我意识的发展不成熟，其自主性的成长还需要少先队辅导员的指导和帮助。

3. 组织性

少先队教育的根本特性是队的组织教育。少年儿童教育的共性寓于队的组织教育个性之中，只有与队的组织教育这一根本特征相结合，才能真正地成为少先队教育的特点。

4. 趣味性

趣味性是指在开展少先队教育活动的过程中，要遵循少年儿童的年龄特点，用知识性、活动性、群体性、新异性、竞赛性、游戏性、趣味性等具有激励性的工作方法，满足少年儿童的兴趣和爱好，从而激发他们对活动的主动性、积极性和创新精神。

5. 实践性

少先队教育与中国特色社会主义现代化建设全面建设小康社会相结合，引导和组织少先队员接触大自然、接触社会、接触现代科学技术，在“三接触”中得到锻炼，接受教育。

6. 创造性

2015 年，习近平总书记寄语全国少年儿童，要“从小学习创造”。在设计和开展少先队教育活动的过程中，少先队员和辅导员充分发挥创新精神，运用创造性思维和创造性技能，使少先队教育活动具有新思想、新内容、新形式、新方法，以达到更好的教育功能和创新效益，从而逐渐培养少先队员树立勇于创造的精神。

三、班主任的少先队教育职责[①]

班主任要正确理解少先队教育任务的特殊性和必要性，在工作中把各项要求和任务正常化、系统化，真正将少先队的教育理念、主题活动、组织教育等落实到每一个基层组织中，使每一个少先队员都能得到锻炼和提高。

小学各年级的少先队辅导员工作

年级	基本目标	主要工作	需要关注的问题	
一年级	让少年儿童了解少先队，加入少先队	入队前教育，发展新队员	从家庭（幼儿园）到学校的角色变化对儿童心理的影响	
二年级	了解队的创立者和领导者是中国共产党，增强少先队员的光荣感	进行党旗、团旗、队旗的教育，培养自己的事情自己做的能力	队员在集体中的人际交往和学习的初步差异对队员心理的影响	

① 参见邓艳红主编：《小学班级管理》，华东师范大学出版社 2010 年版，第 215 页。

续表

<table>
<tr><th>年级</th><th>基本目标</th><th>主要工作</th><th>需要关注的问题</th><th></th></tr>
<tr><td>三年级</td><td>让队员通过“手拉手”活动，结识不同区域、不同民族的小伙伴，了解祖国大家庭，体验互相帮助的快乐</td><td>开展“手拉手”活动，开展自护能力的培养</td><td>队员从儿童期向少年期的心理转变</td><td rowspan="4">要把全国和当地少先队组织开展的主题教育活动贯穿到本年级的工作任务中。在完成好基本任务的基础上，还可以根据实际情况开展特色活动，增设特色奖章</td></tr>
<tr><td>四年级</td><td>通过少先队组织的小岗位，帮助队员学习过民主生活，增强责任感</td><td>开展设立少先队小岗位；开展科技活动</td><td>队员的学习方式和人际交往能力的发展</td></tr>
<tr><td>五年级</td><td>在队员中开展民族精神教育，弘扬和培育民族精神</td><td>继续深化“手拉手”活动；开展环保活动和少年军校的活动</td><td>学习成绩和生活事件对队员心理的影响</td></tr>
<tr><td>六年级</td><td>开展理想教育，引导和帮助少先队员树立远大志向</td><td>回顾总结小学阶段的少先队生活；开展社会实践活动</td><td>队员小学毕业阶段的学习心理负担</td></tr>
</table>

（根据《少先队辅导员工作纲要（试行）》第三部分“分年级工作内容”编制，转引自邓艳红主编：《小学班级管理》，华东师范大学出版社 2010 年版，第 215 页。）

责任编辑：陈晓燕
封面设计：常　帅

图书在版编目（CIP）数据

班级的秘密：德育视角下的小学班级管理实务 / 梁明月编 .—北京：人民出版社，2017.10（2022.12 重印）

ISBN 978－7－01－018313－8

Ⅰ. ①班… Ⅱ. ①梁… Ⅲ. ①小学—班级—学校管理 Ⅳ. ① G622.421

中国版本图书馆 CIP 数据核字（2017）第 237669 号

班级的秘密——德育视角下的小学班级管理实务

BANJI DE MIMI

——DEYU SHIJIAO XIA DE XIAOXUE BANJI GUANLI SHIWU

梁明月　编

人民出版社 出版发行

（100706　北京市东城区隆福寺街 99 号）

环球东方（北京）印务有限公司印刷　新华书店经销

2017 年 10 月第 1 版　2022 年 12 月北京第 3 次印刷

开本：710 毫米 ×1000 毫米　1/16　印张：11.5

字数：200 千字

ISBN 978－7－01－018313－8　定价：32.00 元

邮购地址　100706　北京市东城区隆福寺街 99 号

人民东方图书销售中心　电话（010）65250042　65289539